Ingeborg M. Lüdeling
10 HEILENDE CHAKREN-ENGEL

ISBN 3-902134-91-7
© 2006 freya verlag
Alle Rechte vorbehalten
www.freya.at
Layout: C. Korntner, W. Ruzicka
printed in EU

Ingeborg M. Lüdeling

10 HEILENDE CHAKREN-ENGEL

Die Himmelsleiter als Symbol der Wirbelsäule

DANKSAGUNG

Besonders innigen Dank an meinen Mann Hartmut für seine liebevolle Begleitung in jeder Lebenslage, besonders aber während des Schreibens, und seine geduldige Hilfe bei der Bildbearbeitung.

Mein uneingeschränkter Dank geht an Sabine, die mir bei der Endkorrektur geholfen hat und mich immer wieder motivierte. Ich weiß ihre Freundschaft, ihre Klugheit und ihren klaren Blick sehr zu schätzen!

Es erfüllt mich mit großer Dankbarkeit, dass meine Freundin Karen mir mit ihrem Wissen und Talent als Künstlerin telefonisch wie selbstverständlich zu jeder Zeit zur Seite stand.

Für ihre unerschütterliche und vielseitige Unterstützung möchte ich aus ganzem Herzen danken:

den Engeln, besonders dem ersten Engel in meinem Leben, meiner Mutter; des weiteren meinen Freundinnen und Freunden: Christiane, Cécile, Claudi, Ute, Regina, Michael, Heike, Markus, Claudia, Renata, Birgit, Gerlinde, Mechthild, Renate, Maria, Susanne und Günter, Elisabeth, Eike, Lara, Gisela, Steffi, Anne, Margarete und Ewald, Anita, Josef, Marianne, Rüdiger, Doris, Moni und Bastiaan.

Ferner möchte ich meiner Verlegerin Frau Siegrid Hirsch Dank sagen für ihre unermüdliche Unterstützung und dem Team des Freya-Verlages für seine konstruktive Mithilfe.

Allen Freundinnen, Freunden, Bekannten und unserem Sohn Phillip-Gabriel danke ich für viele anregende Diskussionen über die zentralen Themen dieses Buches.

Auch an alle nicht namentlich genannten Helfer ein herzliches Dankeschön!

INHALT

Einführung 7
Einblick 9
Prolog 11
Und es gibt sie doch. 12
Vom Zweifel zum Wissen 16
Sonnen-Engel 19
Wirbelleiter-Jakobssäule? 21
Geomantie und Engel 26
Buch der Engel 32
Bäume und Chakren 34
Kennen lernen der Chakren-Engel 39
Chakren – Tore zum Selbst 43
Praktische Engel-Wahrnehmungs-Übungen 57
Saamis, Engel des Wurzelchakras 64
Engel des Harachakras 72
Nassra, Engel des Nabelchakras 76
Solaris, Engel des Solarplexuschakras 80
Elochiel, Engel des irdischen Herzchakras 88
Elseelias, Engel des mystischen Herzchakras 94
Khamaji, Engel des Kehlkopfchakras 98
Hiroel, Engel des Stirnchakras 104
Isael, Engel des Scheitel- oder Kronenchakras 110
Die kosmische Anbindung und der Buddha-Engel ... 116
Nasita, Engel des Glücks 119
Das Haus der Seele 123
Aufräumen, Loslassen, Trennen und Verzeihen ... 131
Meditations-Anregungen zu den Chakren-Engeln ... 143
Epilog 165
Danksagung 167
Literatur 168

EINFÜHRUNG

Dieses Buch ist eine Einladung, sich auf Engel, feinstoffliche Erlebnisfelder und innere Dimensionen einzulassen. Dazu gehört das Vertrauen in den eigenen Seinskreislauf und den göttlichen Funken im Mikro- und Makrokosmos. Die Jakobsleiter mit ihren Boten leitete nicht nur Jakob, sondern führt auch uns vom unbewussten Meer der Möglichkeiten über eigene körperliche, seelische und geistige Entwicklungsstufen zur inneren Balance und Gotteserkenntnis.

Jedes Chakra offenbart sich als innerer Kraftort, ja sogar als neue Dimension, in der Engel als unsere Helferfreunde wirken. Der Weg auf der Jakobsleiter macht uns die Polaritäten im Leben bewusst und führt uns auf Lichtenergiebahnen zum reinen Yin- (weiblich) und klaren Yang-Erlebnis (männlich). Es gipfelt in der geistigen Ekstase der Verschmelzung der Polaritäten, in der Yin-Yang Hoch-Zeit.

Unsere Aufmerksamkeit wird sensibilisiert für: »Ich bin«, »Ich fühle« und »Wir sind Ein-Heit«. Diese tiefe Wahrheit drückt sich ganz einfach in dem uralten Satz aus: »Liebe deinen Nächsten wie dich selbst«.

Leben wir nach diesen Erkenntnissen unseren Alltag, schaffen wir damit Frieden. Er wird sich ausweiten wie Wellen, die ein Stein auslöst, der in einen See geworfen wird.

Sicher helfen wir so bei der Gestaltung eines neuen Zeitalters. Niemand kann als einzelne Person die Welt verändern, aber jeder Mensch hat die Möglichkeit sich selbst zu verändern. Und hier liegt die große Chance, den Grundstein für eine friedliche, liebenswerte Zukunft zu legen.

Als Wegweiser dorthin haben sich die Chakren-Engel angeboten. Sie führen uns von einem inneren Kraftort zum nächsten und helfen uns über jeden Stolperstein hinweg. An ihrer Hand gehen wir sicher über alle Abgründe des Lebens. Lassen wir die Zweifel hinter uns, öffnen wir die Tore des Vertrauens und lassen wir uns auf das Abenteuer Veränderung ist »Heil«ung ein. Steigen wir zusammen die Stufen der Jakobsleiter, der Wirbelsäule, unserer DNA und unseres Bewusstseins empor. Wahrheit und Erkenntnis werden den Weg erleuchten.

Wer einmal von einem Engelsflügel berührt wurde und einmal die Hand eines Engels gefühlt hat, wird nie wieder in das Dunkel des Zwei-fels fallen.

Ohne die Mühe der Selbsterkenntnis werden wir freiwillig nicht so ohne weiteres Selbstverantwortung übernehmen wollen.

Aber nach dieser Anstrengung erkennen wir den Frieden der Freiheit. Gottes Funke belebt ALLES.

Die Jakobsleiter ist sowohl ein Weg für die Menschen nach »oben«, zum Göttlichen, als auch ein Weg für die Engel vom Göttlichen nach »unten«, zum Menschen. So tragen die Engel alle Bitten, Sehnsüchte, Fragen und Danksagungen der Menschen empor und bringen Antworten, Trost, Hilfe und Ideen zur Erde.

Dieses Buch soll eine »helfende Hand« sein, die auch mir die Engel reichten.

EINBLICK

In der Natur leben Tausende von Elfen, Feen, Zwergen, Nixen und viele andere. Aber Engel? Ist das nicht eine christliche »Erfindung« für die Schwingung der Naturwesen?

Und wo liegt der Unterschied zwischen der Energieform eines Engels und der einer Fee? Wieso glauben wir an Elfen, aber nicht an Engel? Ich zum Beispiel glaubte nicht daran.

Doch eines Tages sah ich meinen ersten Engel!

Ich war erschüttert. Ein Teil meines Weltbildes fiel in sich zusammen. Lange Zeit versuchte ich logisch zu erfassen, was da geschehen war, immer und immer wieder. Jedes Mal kam ich nur bis an meine Grenze des Denkbaren zum Undenkbaren.

Allmählich erfasste mich ein Gefühl, als habe sich mein Gehirn verknotet. Zunehmend wurde ich unruhiger. Ich war ver-zweifelt. Mir wurde bewusst, dass darin die Zwei von zwei-geteilt steckt. Gefühl und Verstand drifteten weit auseinander. Ich wusste gar nicht mehr, was ich tun, denken oder fühlen sollte, bis eines Nachts eine Engelerscheinung im Traum zu mir sprach: »Lass doch deine Gedanken los und nimm die Engel einfach so an, wie du sie wahrnimmst. Öffne dein Herz.«

Morgens konnte ich mich noch genau an meinen außergewöhnlich klaren Traum erinnern. Wie zur Bestätigung führte ich am gleichen Tag noch ein Gespräch mit einer Freundin, die ebenfalls sagte, ich solle mich doch einlassen auf die Engel und nicht so viel darüber nachdenken.

Tag für Tag versuchte ich meinen Verstand zur Ruhe zu bringen und auf die Bilder meines Herzens zu achten. Die Engel besuchten mich rücksichtsvoll in größeren Abständen. Nach vielen Monaten wurde der Kontakt zu einigen Engeln immer vertrauter für mich. Besonders der Sonnenengel besuchte mich häufiger.

Ich erkannte den Zusammenhang zwischen der Jakobsleiter und unseren Chakren, die ja wie auf einer Leiter Punkt für Punkt nach oben streben.

Für Menschen, die Erkenntnis, Heilung und den Stein der Weisen suchen, und für all diejenigen, die eine Balance der eigenen Yin- und Yang-Kräfte anstreben, wird das Buch »10 heilende Chakrenengel« ein Kleinod sein.

Die Karten mit den Darstellungen der Engel und der Jakobsleiter wurden von mir durch medialen Kontakt mit den jeweiligen Engeln gemalt und in Form gebracht durch verschiedene Anregungen. Es sind 10 Chakrenengel, zusätzlich noch der Glücksengel Nasita und der Übergangsengel Hedul.

Das Bild der Jakobsleiter zeigt die Engel mit den Chakren und ihre energetischen Verbindungen im Zusammenhang.

Von außerhalb der Leiter wirken der Glücks- und der Übergangsengel. Sie sind wichtige Helfer der Chakrenengel.

Der Glücksengel steht uns in Situationen zur Seite, in denen wir Glück und Gnade oder Wunscherfüllung bekommen möchten. Der Übergangsengel hilft uns bei Veränderungen, und dabei, Schwierigkeiten und Ängste zu überwinden.

Alle Engel reichen uns ihre Hand zum gemeinsamen Handeln!

Die Anwendung der beschriebenen Meditationsübungen geschieht stets in eigener Verantwortung. Alle Übungen basieren auf intensiven subjektiven Erfahrungen und unerwünschte Nebeneffekte wurden bisher nicht beobachtet. Trotzdem möchte ich darauf hinweisen, sie maßvoll und eigenverantwortlich durchzuführen.

Prolog

Aus dem Ersten Buch Moses, Kapitel 28

(10) Aber Jakob zog aus von Beerseba und machte sich auf den Weg nach Haran (11) und kam an eine Stätte, da blieb er über Nacht, denn die Sonne war untergegangen. Und er nahm einen Stein von der Stätte und legte ihn zu seinen Häupten und legte sich an der Stätte schlafen. (12) Und ihm träumte. Und siehe, eine Leiter stand auf Erden, die rührte mit der Spitze an den Himmel, und siehe, die Engel Gottes stiegen daran auf und nieder. (13) Und der Herr stand oben darauf und sprach: Ich bin der Herr, der Gott deines Vaters Abraham ...
(16) ... Als nun Jakob von seinem Schlaf aufwachte, sprach er: Fürwahr, der Herr ist an dieser Stätte, und ich wusste es nicht!
(17) Und er fürchtete sich und sprach: Wie heilig ist diese Stätte! Hier ist nichts anderes als Gottes Haus, und hier ist die Pforte des Himmels.
(18) Und Jakob stand früh am Morgen auf und nahm den Stein, den er zu seinen Häupten gelegt hatte, und richtete ihn auf zu einem Steinmal und goss Öl oben darauf (19) und nannte die Stätte Bethel (das heißt: Haus Gottes).

Und es gibt sie doch

Es ist ein grauer Märzmorgen. Beim Blick aus dem Fenster sehe ich in einen Regenvorhang. Gerade richtig, sich wieder in die wohlige Geborgenheit des Bettes zurückzuziehen. Mein Mann und ich müssen trotzdem aus den Federn, weil unser Freund Ewald heute ein Seminar innerhalb unserer Kursreihe »Psychodynamische Radiästhesie« hält.

Das Thema ist: »Freie Energie.«

Der Moderator wird einen Engel-Akkumulator mitbringen. Ein Engel-Akkumulator ist eine große Holzkiste, ein so genannter Orgon-Akkumulator. Die Außenhülle besteht aus verschiedenen Schichten, wie eine Zwiebel. Wände, Boden, Decke und Tür bestehen - abwechselnd - von Innen nach Außen gesehen – aus organischem und anorganischem Material.

Beim Engel-Akkumulator werden sieben Schichten verwendet: Zuerst innen eine Metallplatte, dann eine Lage Schafwolle, eine Schicht Stahlwolle bis zuletzt wieder eine Metallplatte eingebaut wird. In der Decke und im Boden der Kiste befinden sich in allen vier Ecken jeweils faustgroße Stücke Rosenquarz. Die Konstruktion geht auf Wilhelm Reich zurück, den bekannten Psychologen, der sich in Amerika mit der Orgonkraft befasste und in den fünfziger Jahren verstarb. Die Bauanleitung für diesen Akkumulator wurde dem Konstrukteur medial übermittelt.

Wie jeder aus meinem Freundeskreis weiß, geht mir das süßliche Engelsgetue auf die Nerven. Mir fallen dazu immer rosa Zuckerwatte und wallende Gewänder ein. Mir ist noch kein Engel bewusst begegnet.

Wo ist denn die Liebe der Engel im Krieg, während einer schweren Krankheit, bei Sorgen, Kummer, Katastrophen und anderen Nöten? Mit diesen Gedanken im Kopf betrete ich den Seminarraum. Und dort steht, für alle sichtbar, eine große Holzkiste. Vorne, sozusagen als Einstieg, befindet sich eine Tür mit einem kleinen quadratischen Fensterloch.

Das soll also der Engel Akkumulator sein? Diese unscheinbare Kiste? Ich schaue durch die Tür ins Innere und sehe ein Sitzbrett aus Holz. Alles andere sieht aus wie poliertes Silber. Oh, ein Mensch spiegelt sich darin und denkt, es sei ein Engel, sind meine ketzerischen Gedanken.

Inzwischen kommen ein paar Seminarteilnehmer und wir begrüßen uns. Ewald erklärt uns den Aufbau des Engelakkumulators und ergänzt: »Die Schafwolle ist unbehandelt, dadurch behält sie ihre Fette, die so die Energie besonders gut speichern können. Im Boden der Kiste und in der Deckenschicht befinden sich speziell ausgesuchte und programmierte Rosenquarze.«

»Was sollen wir mit der Kiste tun?«, möchte ein Teilnehmer wissen.

Ewald antwortet: »Allzu viele Vorgaben möchte ich euch nicht machen. Ihr solltet ganz ohne Erwartungen sein. Setzt euch der Reihe nach in den Akkumulator und macht eure persönlichen Erfahrungen. Anschließend sprechen wir dann darüber.«

Ich möchte nicht in die Kiste, da bekommt man ja Platzangst, denke ich rebellisch. Ein Mensch kann gerade darin sitzen, aber nicht stehen.

An der Akkumulator-Kiste herrscht reges Kommen und Gehen. Ein Spielverderber möchte ich nicht sein. Schaden kann es ja nicht, wenn ich mich kurz hineinsetze, denke ich, öffne die Tür, und setze mich auf die Holzbank. Wenn es alle versuchen, möchte ich mich nicht ausschließen. Nur durch das kleine Loch, vorne in der Türe, kommt die nötige Luft zum Atmen.

Da hocke ich nun, die Gespräche im Seminarraum sind nur noch als gedämpftes Gemurmel zu hören und dringen wie durch Watte an meine Ohren. In der Kiste ist es so ähnlich wie unter Wasser. Das empfinde ich als angenehmes Gefühl. Es ist ruhig. Nichts passiert. Genervt schaue ich auf meine Uhr. Ereignislos verstreicht die Zeit. Auf was warte ich eigentlich? Glaube ich tatsächlich tief in meinem Innersten, dass leibhaftig ein Engel erscheinen würde?

Als nach den vorgegebenen 15 Minuten die Tür wieder geöffnet wird, habe ich keinen einzigen Engel gesehen. Ich bin nun doch enttäuscht, obwohl nur meine ablehnende Haltung bestätigt wurde.

Die meisten, die den Akkumulator ausprobiert haben, berichten von Erlebnissen: Eine junge Frau ist das erste Mal seit langer Zeit wieder richtig zur Ruhe gekommen. Ein anderer Teilnehmer spürt keine Verspannung im Nacken mehr. Ein junger Mann hat allerdings heftige Kopfschmerzen in der Kiste bekommen. Kein Wunder, bei dem schlechten Luftaustausch durch das winzige Fensterloch, denke ich mir. Einige Frauen fühlen sich nach dem Aufenthalt im Akkumulator leicht und beschwingt. Niemand hat Engel gesehen, aber die meisten sagen, sie haben eine Engel-Energie bemerkt.

Wie fühlt sich denn überhaupt Engel-Energie an?, frage ich mich und denke darüber nach, ob es diese himmlischen Wesen wirklich geben könnte.

Innerlich sträubt sich alles in mir bei der Vorstellung an kleine dicke Putten, niedliche, lächelnde Engelchen in den Kirchen, Engel, die in mancher Literatur als immer Liebe versprühend und gut gelaunt dargestellt werden oder Schutzengel in pastellfarbenen Wallegewändern, die den kleinen Kindern über Brücken helfen ...

Oder den kämpfenden Erzengel Michael, wie er mit grimmigem Gesicht den Drachen zähmt oder dem Teufel droht. Oder wie die Cherubin mit flammenden Schwertern nach der Vertreibung von Eva und Adam aus dem Paradies den Weg zum Baum des Lebens und der Erkenntnis bewachen*.

Da sind mir die urwüchsigen, unberechenbaren Zwerge, die kichernden Maismädchen, die zarten Wiesenelfen, die zauberhaften Quellnymphen, die wilden Windgeister, die unterschiedlichen Baumgeister, die verlässlichen Steinwesen, die helfenden Freunde aus den Elementarreichen und sogar die Ehrfurcht ge-

---

* Erstes Buch Moses, Kapitel 3, Vers 24

bietenden Planetengötter doch lieber. Aber: »Der Mensch denkt und Gott lenkt.«

In der Mittagspause bleibe ich im Seminarraum und öffne die Fenster. Es hat aufgehört zu regnen. Klare, feuchte Luft strömt herein. In tiefen Zügen atme ich sie ein. Angenehm!

Nach einer Weile schließe ich die Fenster wieder und denke: Es war so schön still im Engel-Akkumulator; ich sollte mich einfach noch einmal hinein setzen und die Ruhe genießen.

Ganz entspannt lasse ich mich auf der Holzbank im Inneren der Kiste nieder und schließe meine Augen. Ich erwarte nichts und sitze ruhig und entspannt da.

Wie viel Zeit ist wohl vergangen? Plötzlich färbt sich mein inneres Gesichtsfeld gelb. Das Gelb wird leuchtend, bekommt eine unglaubliche Strahlkraft. Ein zartes, hellgrünes Herz, wie symbolisch gezeichnet, bildet sich vor mir. Es pulsiert. Die Bögen vom Herz sehen ja aus wie Flügel! Ist das ein Engel? Ich erkenne jetzt auch einen Kopf. Die ganze Gestalt ist recht klein. Auffallend groß sind aber die smaragdgrünen, klaren Augen. Er oder sie lächelt mich freundlich an. Der Augenausdruck scheint zu sagen: Und es gibt uns doch. Jedenfalls habe ich solche Worte in meinem Kopf. Auf dieser geistigen Ebene frage ich nun: Wer bist du, was willst du? Keine Reaktion. Schade.

Die Farben verblassen, das relativ kleine Wesen löst sich auf. Während ich dabei zuschaue, weiß ich: Das war der Engel für das Herz-Chakra. Was ist ein Herz-Chakra-Engel?

Vom Zweifel zum Wissen

Es geschieht längere Zeit nichts. Ich sitze immer noch bewegungslos in der Kiste. Dann gerate ich in einen leichten Dämmerzustand wie kurz vor dem Einschlafen. In dieses sanfte Dunkel zieht langsam ein hellblauer Nebel und erleuchtet den Halbschatten wie von innen heraus. Es ist wie ein Fenster ins tiefe Universum und darin tanzen blaue Lichtflammen. Voller Begehren schaue ich hinein. Kommt jetzt noch ein Engel?

Plötzlich tritt ein Wesen vor mich hin, so groß, dass ich mich unbehaglich fühle. Aber es schimmert herrlich rein in allen Blauschattierungen und ein Strahlenkranz umgibt die Gestalt, so dass dieses ungute Gefühl schnell vergeht. Die Schwingung dieses Geistkörpers empfinde ich als freundlich, darum traue ich mich, meinen Blick zu ihm zu erheben. Ich schaue dem Wesen in die Augen und blicke in eine unendliche Sternenwelt. Wellen von Licht und Wärme ergießen sich in meinen inneren Empfindungsraum.

Das Engelwesen ist von unbeschreiblicher, vollendeter Schönheit. Auffallend an ihm ist, dass seine Haare so lang und so verschmolzen mit ihm sind, dass ich nicht weiß, wo seine leuchtenden Haare aufhören und sein strahlender Mantel anfängt. Dieses Bild prägt sich mir tief ein.

Verwundert und ergriffen von der Erscheinung frage ich in Gedanken: Bist du ein Engel?

Das Wesen lächelt leicht. Und dann werde ich umrankt von seinem glänzenden blauen Licht. Von der Stirn des Geistwesens fließt zuerst ein heller, gelber und dann ein goldener Strahl direkt zu mir in meine Stirn.

»*Warum zweifelst du? Natürlich gibt es uns Engel als eigenständige Wesen, ob im Universum, in deinem Körper, in Kirchen, heiligen*

Hainen, Häusern oder Kisten. Geformte Materie spielt für uns keine Rolle. Wir sind Lichtfarbenenergie und noch viel mehr. Wir können überall sein und jede Form annehmen, sichtbar oder unsichtbar für das menschliche Auge.

Wie es bei euch verschiedene Berufe gibt, so haben auch wir unterschiedliche und vielfältige Aufgaben. Wir sind Helfer, Krieger, Beschützer, Retter, Heiler, Freunde, Berater und sind immer dort, wo wir gebraucht werden. Du kannst uns daran erkennen, dass wir nie Angst erzeugen. Wenn dir jemand sagt, er arbeitet mit Engeln, dann denke daran. Ich bin der Stirnchakra-Engel und helfe dabei, in andere Dimensionen zu schauen.

Durch Gedanken wirst du uns nicht finden. Gedanken sind zu grobstofflich. Es gibt immer mehr Menschen, die uns sehen oder fühlen. Wenn du deine Aufmerksamkeit auf uns richtest, finden wir dich. Lasse deine klebende, Engel ablehnende Vergangenheit los, sonst fehlt dir der Schwung für etwas Neues in der Gegenwart. Verfalle nicht in unfruchtbare Zweifel. Gestatte dir, Engel in dein Leben fliegen zu lassen.«

Abrupt öffne ich meine Augen. Erschüttert sitze ich in der silbern schimmernden Holzkiste und versuche mich zu sammeln. Mir ist so heiß, dass ich die Strickjacke ausziehen muss. Was ist hier geschehen? Habe ich nun Engel gesehen und gehört, oder bin ich eingeschlafen und habe geträumt? Hat meine Wahrnehmung mir einen Streich gespielt?

Wieder überkommen mich Zweifel. Sicher habe ich nur von diesen wunderschönen Engeln geträumt, so etwas kann man doch nicht real erleben. Mein Urteil steht fest. Etwas wackelig in den Knien stehe ich auf und verlasse den Akkumulator.

Die Tür steht offen und ich gehe langsam hinaus in den Garten. Die Luft ist wie kühle Seide und umschmeichelt mein Gesicht. Es duftet nach feuchter Erde und nassem Moos. In tiefen Zügen atme ich die Gerüche ein und versuche Ordnung in meine aufgescheuchten Gedanken und Empfindungen zu bringen.

Was ist im Engel-Akkumulator geschehen? Habe ich geträumt oder waren die Engel real? Waren sie eine Energieform oder eigene Persönlichkeiten? Kann ich das, was diese himmlischen

Wesen sagen, wörtlich nehmen? Hat sich mein Bewusstsein in unbekannte Bereiche ausgedehnt oder kamen die Engel wirklich zu mir? Was ist Wirklichkeit und was ist Traum? Oft wird heute von freier Energie geredet und viel wird damit experimentiert, aber all ihre Erscheinungsformen kann man zurzeit nur erahnen. Ist die Engel-Energie eine davon?

Zwei Tage nach dem Seminar habe ich Geburtstag. Mit der Post kommt der Brief einer Bekannten, die sich schon lange und intensiv mit Engeln beschäftigt. Wir stehen in lockerem Kontakt. Sie schreibt nette Grüße zum Geburtstag und dann steht da ein Satz, der mich elektrisiert:

»Der Tagesengel deiner Geburt ist Hiroel und du kannst ihn daran erkennen, dass man nicht weiß, wo seine Haare aufhören und sein Mantel anfängt.«

Ein Schauer rinnt meinen Rücken hinunter und ich bekomme im warmen Raum eine Gänsehaut. Genau so habe ich den Engel, der mir im Akkumulator begegnete, gezeichnet. »Man weiß bei diesem Engel nicht, wo die Haare aufhören und sein Mantel anfängt!«

Woher kennt diese Bekannte »meinen« Engel? Gibt es ihn ganz objektiv? Kann jeder Mensch ihn kennen lernen? Es scheint so. Den ganzen Tag kreisen meine Gedanken um diesen merkwürdigen Zu-Fall.

SONNEN-ENGEL

Fast genau ein Jahr später sind mein Mann Hartmut und ich in Wien und geben ein radiästhetisches Seminar. Gegen Ende der Seminarzeit fasst Hartmut zum besseren Verständnis noch einmal alles Physikalische und Wissenswerte zusammen.
Ich schaue zur Uhr. Es ist 11:35 Uhr. Ganz plötzlich und unerwartet fallen meine Augen zu. Mir wird warm und der Kopf ist leicht wie ein Luftballon. Dann falle ich abrupt aus meiner Realität in einen unbegrenzten Raum, in dem mich strahlendes oranges Licht wellenförmig umschmeichelt. Ein riesenhaftes Wesen schwebt in mein Blickfeld. Was ist das? Ein Trugbild oder ein Engel?
Als sich ein warmes Gefühl in meiner Herzgegend ausbreitet, bin ich erleichtert. Es ist ein Engel!
Die Erleichterung wechselt zu Erstaunen, denn das kommende Geschehen setzt meine Gedanken außer Kraft.
Flammen wie Feuerzungen umlodern die Engelgestalt, seine Flügelspitzen brennen. Auf der unteren Brust glänzt und schimmert eine glänzende gelbgoldene Sternensonne und unterstreicht

seine kriegerische Ausstrahlung. Durch kristallklare Augen flammt ein reines Lichtfeuer, das mich wie ein Magnet anzieht. Als ich in seine Augen sinke und verbrenne, höre ich leise die Worte:

»Fürchte dich nicht, ich bin Solaris, der Solarplexus-Engel. Beim Heilen helfe ich mit der flammenden Kraft des göttlichen Lichtfeuers. Die Sonne ist mein Element. Mir ist das feurige Temperament mancher Menschen bekannt und auch Wut und Zorn. Mich kannst du rufen, wenn dir solche Energien zu schaffen machen, sei es in dir selbst oder wenn dir diese Eigenschaften bei deinen Mitmenschen begegnen. Habe keine Scheu, mich zu rufen, denn mir sind Gefühle nicht fremd.«
Genauso unerwartet wie er erschien, entschwindet er wieder. Das orangefarbene Licht verblasst. Ich öffne meine Augen, schaue mich verwirrt um. Alles ist normal, niemand starrt mich an. Keiner der Anwesenden scheint etwas Außergewöhnliches bemerkt zu haben. Reale Zeit ist kaum vergangen. Gefühlt kommt mir die Zeit wie eine kleine Ewigkeit vor. Was geschieht hier mit mir? Was ist Wirklichkeit? Gibt es überhaupt eine objektive Realität?

Sehr viel, was sich bisher meinem Verständnis entzog, muss ich in nächster Zeit erkennen, lernen und annehmen. Die Engel helfen mir dabei. Bald lerne ich auch die anderen Chakra-Engel kennen und versuche sie zu malen. Es geschehen viele kleine Wunder in meiner persönlichen Welt und mit dem neuen Engelbewusstsein kann ich einige Menschen auf ihrem Weg begleiten und ihnen helfen.

Obwohl ich mich schon viele Jahre sowohl theoretisch als auch praktisch mit Meditation, Naturgeistern, Schamanismus, spirituellem Heilen und anderen Formen der bewussten spirituellen Arbeit beschäftige, habe ich durch die Engelerlebnisse zu einer ganz neuen Sicht- und Fühlweise gefunden.

WIRBELLEITER-JAKOBSSÄULE?

Eines Morgens bekomme ich einen Anruf. Meine Freundin Fee bittet mich um Hilfe, weil sie sich schwach und müde fühlt. Wir verabreden uns zu einer gemeinsamen meditativen Sitzung. Am Abend kommt sie zu mir und ich lege meine Hände zum Einfühlen und zur Schwingungsübertragung auf ihren Rücken. Diese Methode habe ich von meiner Mutter gelernt. Sie behandelte mich früher oft erfolgreich so, wenn ich krank war.

Eine rote Energie mit goldenen Sprenkeln fließt vom Himmel in mich hinein, durch mein Herz, dann durch meine Arme und wird in den Rücken von Fee gelenkt. Ich spüre den Fluss zuerst als Wärme, dann wird er sehr heiß und pulsiert. Gänzlich unerwartet tauche ich mit meiner Wahrnehmung durch einen hellen, imaginären Spalt auf dem Rücken der Freundin tief ein in die Wirbelsäule von Fee. Erstaunt fühle ich unendliche Weite.

Und dann stehe ich an einem mir unbekannten Platz, viele Steine liegen unter meinen Füßen. Und ich nehme einen von ihnen in die Hand, lege mich auf den Erdboden und schiebe diesen flachen Stein unter den Kopf. Dann schlafe ich ein und träume: Und siehe, »Eine große Treppe mit ausladenden Stufen steht auf der Erde. Sie rührt mit ihrer Spitze an den Himmel. Ein emsiges Treiben herrscht hier, die Engel Gottes steigen an der Treppe auf und nieder.

Nun schwebt in strahlendem Licht-Gewand und mit mächtigen Doppelflügeln, an deren Spitzen Flammen lodern, eine riesige Gestalt auf mich zu.«

Es ist Solaris! Ihm begegnete ich bereits in Wien.

Er steht vor mir und ist immer noch so strahlend schön, dass ich ihn eine Weile wortlos anstarre.

»Ich freue mich, dich wieder zu sehen«, sage ich leise, als ich meine Sprache wieder finde.

»Ich werde dir helfen, damit du deine Arbeit der Energieübertragung und die Hilfe der anderen Engel besser verstehst«, sagt er.

»Du kennst die Geschichte der Jakobsleiter? Sie wird in eurer Bibel* erwähnt und einige Künstler haben sie nach ihren Visionen und Vorstellungen gemalt. In manchen Kirchen kannst du sie als Gemälde oder Fresko an den Wänden abgebildet sehen.

Diese Geschichte handelt von Jakob, der Gott um einen Traum bittet. Daraufhin sieht Jakob eine Leiter, die in den Himmel führt. Auf ihr gehen Engel die Treppenstufen hinauf und herunter. Die Leiter ist ein Symbol der Verbindung vom Irdischen zum Himmlischen, vom Menschen zu Gott. Auf ihr schweben die Engel aus der feinstofflichen Welt in die Sinneswelt, um die göttlichen Lehren zu den Menschen zu bringen und die Bitten und Fragen der Menschen in den Himmel zu tragen.

Die Jakobsleiter hat eine Entsprechung im irdischen Körper, es ist die Wirbelsäule. Wenn die Kraft im inneren Kanal des Rückgrates gefunden und geweckt wird, können die inneren Ebenen mit den äußeren verbunden werden. Das macht die Sichtweise ganzheitlich und begünstigt das Heil-Werden.

Wir Chakren-Engel steigen die Wirbelsäule hinauf und herunter. Das ist für Heilungs- und Erkenntnisprozesse jeder Art wichtig zu wissen. Auch helfen wir dem Suchenden, sich selbst, den Sinn seines Erdenlebens und die Bedeutsamkeit seiner Energiezentren kennen zu

---

* Erstes Buch Moses, Kapitel 28, Vers 10 ff.

lernen. Dadurch erlangt ein Mensch mehr Bewusstsein und kann sich über die Begrenzungen seiner alten Muster und Konditionierungen erheben.
Dann kann sich seine Seele wie eine Blüte entfalten, sich öffnen und zum Himmel emporstreben. Die Seele taucht in den wahren Zustand des Friedens, wenn sie das Göttliche in sich erkennt.
Wie die Jakobsleiter, so die Wirbelsäule, wie oben so unten, wie innen so außen.«

Dieser Satz wird jetzt verständlich.

»Die Chakren«, erklärt er weiter, »sind Kraftzentren im menschlichen Körper. Das Wort Chakra kommt aus dem Sanskrit, einer alten Sprache aus Indien und bedeutet so viel wie »Rad«. Ein Rad kann sich drehen oder still stehen, so auch ein Chakra. Ein drehendes Rad wird schnell zu einer Tür oder einem Tor zur Erfahrung einer besonderen Schwingung. Energie-Tore sind Tore zur Energie!
Auch werden Chakren oft mit Blüten assoziiert. Der Blumenstiel wächst aus dem Rückgrat heraus und die Blume erblüht auf der Körpervorderseite. Eine Blüte kann geöffnet oder geschlossen sein, so auch ein Kraftzentrum. Es kann sich außerdem in Bewegung oder in Ruhe befinden. Jede Kraft braucht einen Antrieb und eine Steuerung oder Lenkung. Dafür gibt es Chakren-Engel, die man jetzt auch Verbindungsengel nennen könnte. Da die Zentren mit der Wirbelsäule und dadurch mit dem Nervensystem verbunden sind, werden alle wichtigen Impulse durch diesen Kanal geleitet. Denn das Rückgrat ist wie ein hohles, dickes Kabel, durch welches alle Nervenstränge laufen.
Wir Engel helfen den Menschen dabei, sich dieser Kraftbahnen, Schwingungszentren und Energieflüsse bewusst zu werden. Wie auf einer Leiter steigen wir auch hier von Kraftzentrum zu Kraftzentrum, um alles in ausgleichender Harmonie zu halten.
Es gelingt nur, wenn der Mensch dabei hilft. Für jedes einzelne große Chakra ist ein bestimmter Engel zuständig, um die Kräfte zu kanalisieren und zu lenken.
Handelt ein Mensch ständig gegen seine Bestimmung und sein Bewusstsein, so wird der Ausgleich der Kräfte gestört. Dies verursacht

Unwohlsein, Schmerzen oder Krankheit. Jede Krankheit ist somit auch eine Chance, mit einem Engel in Berührung zu kommen und durch Bewusstwerdung zu wachsen. Die Chakren-Engel sind Reinigungs-, Schutz-, Verbindungs-, Helfer-, Hüter-, Aktivierungs-, Verarbeitungs-, Ruhe-, Erkenntnis- oder Botenengel. Alle Engel helfen den Menschen, dass sie ihrer Aufgabe gemäß leben können. Allerdings dürfen wir nicht gegen den Willen eines Menschen tätig werden.«

Überwältigt blicke ich »meinen« Engel an. Danke, nun verstehe ich viel besser. Er lacht und geht wieder zur Treppe. Das Bild der Jakobsleiter zieht sich bis auf einen winzigen Punkt zusammen und dann sehe ich vor meinen geistigen Augen wieder den Rücken meiner Freundin Fee. Jetzt kann ich ihre Atemzüge hören und wieder andere alltägliche Geräusche wahrnehmen.

Ich fühle, dass meine heißen Hände pulsieren. Nach ein paar Minuten öffne ich die irdischen Augen und Fee sagt erstaunt: »Was hast du denn gemacht? Mir ist ganz heiß. Und müde bin ich überhaupt nicht mehr. Mir geht es richtig gut.«

»Du wirst es nicht für möglich halten, ich habe einen Engel in deinem Rücken gesehen«, konfrontiere ich sie abrupt mit meinem Erlebnis.

»Du spinnst«, ist ihre spontane Reaktion.

»Das kann schon sein«, denke ich laut und wir kichern beide.

Das nimmt die Spannung und gemütlich setzen wir uns an den Tisch und ich erzähle ihr alles, während wir gemeinsam Tee trinken. Erstaunlich, dass die Jakobsleiter eine Entsprechung in unserem menschlichen Körper hat, geht es mir durch den Kopf.

»Wir müssen gar nicht im Außen suchen, sondern wir haben alles in uns«, spreche ich laut aus, was ich gerade denke.

»Denn siehe, das Reich Gottes ist mitten unter euch.«
Lukas 17,21

»Warum nur laufen wir immer Menschen, Lehren oder Büchern hinterher und meinen, das bringt uns weiter?« fragt Fee. »Ja, seltsam, vielleicht liegt das an mangelndem Selbstwertgefühl«

antworte ich. »Ich glaube, wir müssen unsere eigenen Kräfte entdecken, das gibt Selbstvertrauen.«

»Das klingt gut«, meint Fee, »Selbst wenn wir viele Umwege gehen, irgendwann finden wir in unsere Mitte und werden heil. Da kann die Jakobsleiter mit den Engeln uns sicher helfen, sie kommt mir als ein sehr direkter Weg vor.«

»Vielleicht sparen wir uns dann ein paar Umwege?« überlege ich ganz praktisch.

Fee schüttelt den Kopf: »Meinst du, das ist so einfach?«

»Sicher nicht«, antworte ich leise, »ist uns in der heutigen, zweckmäßig orientierten Zeit der Glaube, der die Seelen für den Zauber der Engel aufgeschlossen hat, verloren gegangen?«

GEOMANTIE UND ENGEL

Ein paar Monate später starten wir zu unserer einmal im Jahr stattfindenden Geomantie-Reise. Heilige Orte und Plätze sind Begegnungsstätten des Menschen mit sich selbst. Wir gehen nur mit dem in Resonanz, was wir auch in uns haben! Nur wenn der richtige Ton angeschlagen wird, werden wir zum Mitklingen angeregt.
 Wie innen so außen?

Unser Ziel ist heute der Dom in Gurk. Im Gurktal in Kärnten steht in dem charmanten Städtchen Gurk ein romanischer Dom, ein Wallfahrtsort der heiligen Hemma.
 Beeindruckend ist die 100-säulige Krypta mit ihren besonderen Energie-Plätzen: dem Grab und den Reliquien der hl. Hemma, dem Wunsch- und Heilstein und dem auf den ersten Blick unscheinbaren Altar.
 Ich gehe durch den Säulenwald der Krypta mit den schönen, runden Yin-Formen bis zum kleinen Altar. Wo ich im darüber liegenden Dom den Hochaltar vermute, stelle ich mich still auf

diesen Punkt, schließe meine Augen, gehe in die meditative Leere und »schaue«.

Nach einer Weile wird der Boden im Umkreis von einem Meter gläsern und ich sehe mit Schrecken einen Totenkopf tief unter meinen Füßen. In meinen Haaren spielt ein Luftzug und ich schaue nach oben in ein sich öffnendes Kirchengewölbe. Staunend beobachte ich den weiten Himmel.

Es steigt ein beeindruckender Engel herab, er hat auf der von mir aus gesehen linken Seite lange silbrige und auf der anderen, rechten Seite goldene Haare. Die silberne Seite ist dunkel gekleidet, die goldene Seite strahlt in hellem rotgoldenem Licht. Das Gesicht ist gütig, spiegelt zugleich Jugend und Weisheit. Er schaut mich an und sagt mit sanfter Stimme:

»Ich bin der Engel des Überganges und helfe beim Kommen und Gehen, bei jedem Anfang und jedem Ende. Mein Name ist Hedul. Wenn du mich betrachtest, siehst du eine dunkle und eine helle Seite. Beide Seiten sind aus mehreren Farben gemischt und wenn ein Mensch die irdische Ebene verlässt, so sieht er mich in allen Regenbogenfarben, jede Polarität löst sich auf. Das beantwortet, warum ich in den Farben Silber und Gold und nicht in Schwarz und Weiß erscheine. Silber ist die Farbe des Alters, die Haare der Menschen werden silbern und Silber ist die Farbe des Todes, die Haut des Menschen wird fahl. In dieser Phase bin ich der Todes-Engel und der Seelenführer. Sicher hast du von der Silberschnur gehört, oder sie auch schon gespürt die die Seele mit dem irdischen Körper verbindet. Diese Schnur zerschneide ich schmerzlos und begleite dann die Seele ins Paradies, dort kann sie sich ausruhen. Nach einer Weile führe ich sie weiter zu ihrer nächsten geistigen Bestimmung, zu ihrer nächsten Aufgabe.

Meine andere Seite schimmert in Gold. Gold ist die Farbe des Lebens, der Morgenröte und der Geburt.

Aus den himmlischen Welten führe ich die Seele des für den nächsten Erdenlauf bestimmen Wesens über die Schwelle der geistigen Welt zur irdischen Welt. Die Seele sucht zielgerichtet die für ihre weitere Entwicklung passenden Eltern.

Wenn sie gefunden sind, verknüpfe ich während der Zeugung im Bauch der Mutter die Seele des Kindes mit seinem zukünftigen Körper

durch die Silberschnur. So wird schon während des ersten erfolgreichen Kontaktes von Eizelle und Samenfaden Geburt und Tod miteinander verbunden. Tod und Geburt sind immer nah beieinander.
Meine goldene Seite ist die Seite des Neubeginns. Die durcheinend rosige Haut eines neu geborenen gesunden Menschleins möchte jeder sofort berühren. Sie strahlt in einem warmen Goldton. Die begeisterten Ausrufe der Umstehenden hören sich oft so an: ‚Wie süß, wie goldig!'
An diesem Ort, wo du stehst, ist ein Weg, ein Kanal zwischen vergänglicher irdischer und ewiger himmlischer Ebene. Oder anders ausgedrückt, zwischen Geburt und Tod oder anderer Übergänge.
Eure Vorfahren haben dieser Kirche in Gurk den Namen: ‚Mariä Himmelfahrt' gegeben. Sie hatten wohl noch eine leise Ahnung, warum sie das taten.«

Ich habe noch Fragen an ihn: »Wie kann ich mit dir in Kontakt kommen? Darf ich dich rufen, wirst du mich hören können?«
Hedul neigt seinen Kopf und spricht dann zu mir:

»Sei gewiss, bei allen wichtigen Übergängen bin ich anwesend. Du kannst an mich denken, dir meine Gestalt vor Augen holen durch die Kraft der Vorstellung, dann werde ich dich sehen. Du kannst meinen Namen rufen und ich werde dich hören. Du kannst aber auch beides kombinieren. Wenn es sein soll, werde ich den Kontakt herstellen. Wenn du oder ein anderer Mensch einem sterbenden Geschöpf den Übergang in die feinstofflichen Welten erleichtern möchtest, dann lege ein Foto von ihm auf das Bild von mir.
Das Gefühl helfen zu können, wird eure Sorgen oder Trauer mildern. Alle Wesen können mir blindlings vertrauen.«

Der Übergangsengel blinzelt mir zum Abschied noch schnell zu und löst sich dann einfach vor meinen Blicken in Luft auf. Nun kann ich über meine damaligen Zweifel an den Engeln schmunzeln. Wie beruhigend, dass es diesen Engel gibt, denke ich erleichtert. Ich öffne meine Augen und die irdische Welt hat mich wieder. Leicht benommen und mit etwas wackeligen Knien setze ich mich in eine Kirchenbank. Konzentriert denke ich über mein

Erlebnis nach und zeichne sofort in groben Zügen die Umrisse des Engels auf, damit nichts vergessen wird. Zu Hause werde ich ihn genauer und in Farbe malen. »Es gibt sie also doch«, denke ich, überwältigt wie immer, wenn sich mir ein Engel zeigt.

Noch einmal die Jakobsleiter

Auf dem Weg zur Bischofskapelle im Dom zu Gurk bleiben wir am Hauptaltar stehen und werden von der Kirchenführerin auf ein überlebensgroßes Fresko aufmerksam gemacht. Es stellt den hl. Christophorus mit dem kleinen Jesus auf seinen Schultern dar. Er gilt als Sinnbild des Schutzes beim Übergang durch reißendes, gefährliches Gewässer. Eine unterirdische Wasserader verbindet dieses Fresko mit dem kleinen Altar der Krypta. Hat der Engel Hedul Verbindung zum hl. Christophorus?

Die Führerin zaubert einen großen alten Kirchenschlüssel aus der Tasche, steckt ihn ins Schloss einer versteckten Tür und dreht ihn um. Der Eingang gibt den Blick frei auf einen weiten, rechteckigen Raum, der Freiheit ausatmet. Auf dem Boden liegen rötliche Bodenfliesen, einige sind ausgetreten und haben alte, eingeritzte Muster.

Die Fresken an den Wänden und im Deckengewölbe sind außergewöhnlich in ihren Farben, in ihrer Symbolik, Schönheit und Kraft.

Wir betreten die Kapelle, wie viele Menschen passen in die Freiheit?

Der Raum wird durch Halbsäulen mit Bogen in zwei kreuzgewölbte Joche geteilt. Die Eckkonsolen sind aus der Zeit um 1220, als dieser Raum fertig gestellt wurde.

An der Ostwand beeindrucken mich 14 (!) Löwen. Im östlichen Gewölbe sehe ich Paradiesszenen, im Scheitel sind vier Paradiesströme. Teilen sie das Leben in die vier Elemente Feuer, Wasser, Erde und Luft ein? Das schönste, ausdrucksstärkste Fresko ist für mich die Darstellung der Himmelsleiter. Dort fokussiert sich meine Aufmerksamkeit. Ich stelle mich so, dass die Fenster in meinem Rücken und die beiden Halbsäulen rechts und links von mir sind und schließe die Augen. Wie schon in der Krypta versenke ich mich in meditative Stille und aus der Leere heraus fühle ich mich form- und absichtslos ein in das Gemälde:

Nach einer Weile werde ich zur von mir aus rechten Halbsäule gezogen und wie in einer Spirale herumgedreht. Die Geräusche verblassen. Ich steige die Himmelsleiter mit den Engeln hinauf. Das heißt, ich steige, die Engel fliegen oder schweben die Stufen empor. Weil sich der Himmel viel zu schnell dreht, muss ich mich stark konzentrieren und festhalten. Die Leiter führt ins Unendliche, ich kann kein Ende sehen und den Erdboden auch nicht mehr. Auf was habe ich mich nur eingelassen?

»*Dies ist die Treppe des Lebens und im Leben, da weißt du vorher auch nie, worauf du dich eingelassen hast*«, höre ich eine Stimme neben mir.

Plötzlich werde ich in einem Luftwirbel empor gewirbelt. Nun schwebe ich auch! Leicht hebe ich den Kopf und schaue in unglaublich helles Licht. Geblendet schließe ich meine geistigen Augen. Eine kühle Hand hält mich sanft fest und eine Stimme sagt:

»*Das ist das Sonnenloch. Die Himmelsleiter führt direkt durch dieses Tor. Dahinter, in einem Feuertempel, existiert die Sonne, die hinter der dir bekannten materiellen Sonne wohnt. Dort verbrennen... aber halt, das kannst du noch nicht verstehen, weil du noch nicht genug Erfahrungen mit dem mystischen Feuer gesammelt hast.*

Lass es für jetzt genug sein und steige die Leiter wieder hinab. Der Blick in das Sonnenloch hat dir den Zugang zu deiner eigenen irdischen Himmelsleiter geöffnet und bald wirst du ganz real das Sonnenfeuer fühlen. Sei bereit und wachsam!«

Ich bemerke, wie ich die Himmelsleiter heruntersteige und öffne vorsichtig die geistigen Augen. Das blendende Licht ist verschwunden, der Erdboden wankt nicht mehr auf und ab und ich komme wohlbehalten unten an. Nicht ermüdet von der Kletterei, sondern frisch und munter. Ein warmer Luftstrom aus der Erde gibt mir ein heimeliges Gefühl. Die Erde ist schön und so vertraut!

Weiche Engelsflügel umhüllen, umhegen und schützen mich. Ein tiefer, stiller Friede durchzieht meinen Körper. Wie beruhigend, dass die Engel auch auf der irdischen Ebene wirksam sind!

Ich höre Stimmen und öffne meine Augen. Der Raum ist voller Menschen und jetzt erkenne ich sie.

Wie lange habe ich hier gestanden? Ein Blick auf die Uhr sagt mir nichts. Mit neuem Gefühl für die Erde bewege ich mich vorwärts, hole meinen Schreibblock um alles aufzuschreiben.

Mein Standpunkt war genau zwischen den Säulen in der Mitte unter dem Himmelsleiterbogen mit den Fenstern im Rücken. Die rechte Säule konnte ich schon im vorigen Jahr als eine Zeitnische erfahren, die Mitte der Leiter durfte ich heute als die Himmelsöffnung zum Sonnenfeuer wahrnehmen und die linke Säule gab sich als Säule der Erdung, des Ankommens zu erkennen.

Diese neue Erfahrung macht mich zutiefst dankbar! In Gedanken erlebe ich im Zeitraffer alles noch einmal. Da war doch etwas mit mir im Zusammenhang mit Feuer? Was soll ich für eine Feuererfahrung machen? Und wann? Und wo? Und wie wird das sein? Mir fällt ein Splitter von einem Spruch ein » ... und du kennst weder Zeit noch Ort ...«

Buch der Engel

Wieder zu Hause angekommen versuche ich, meditativ durch das Sonnenloch zu gehen, um hinter die Sonne zu gelangen. Ein grelles Flackern nimmt mich auf, eine ständig hin und her tanzende Gestalt reicht mir ein dickes Buch. Das Buch und ich gleiten in einen tiefen Traum...

Viele Lichtwesen stehen vor einer Leiter, die sich in schwindelnde Höhen erstreckt. Das Ende ist nicht zu erkennen. Aber diese Leiter macht den ziellos umher wandernden Gestalten die Verbindung zwischen Himmel und Erde möglich.

Mehrere Menschen stehen vor dem Rücken eines sitzenden Mannes. Seine Wirbelsäule wird von kundigen Händen abgetastet. Diese Wirbelsäule ist das Gerüst, welches dem Menschen erst seine aufrechte Gangart ermöglicht. Im Körperlichen liegen alle wichtigen Nervenstränge innerhalb der Wirbelsäule. Im energetischen Bereich zirkuliert der Lebensstrom durch das Rückgrat.

»Die Wirbelsäule ist die körperliche Entsprechung zur Jakobsleiter!«

»Ja? Wer bist du?«, frage ich erstaunt.

»Ich bin der Geist und Sinn des Engelbuches«, antwortet die Stimme.

Plötzlich sehe ich eine engel- oder feenhafte männliche Gestalt, allerdings ohne Flügel, die lächelnd sagt: «*Ich heiße Gilion. Wenn du mich rufst, werde ich kommen und dich einweisen in die Geheimnisse des Buches der Engel.*«

»Ja bitte, das wäre mein ganz großer Wunsch«, sage ich erwartungsvoll.

Gilion nickt zustimmend mit seinem Kopf und erklärt: »*In der Wirbelsäule gibt es verschiedene Energiezentren, die auch als Chakren bekannt sind. Starke Kräfte halten diese Energien in Balance. Die*

Kräfte können als Engel wahrgenommen werden, die auf der Jakobsleiter hinauf- und heruntersteigen. Jeder einzelne Engel ist wichtig in diesem Zusammenspiel. So wie die Organe den menschlichen Körper am Leben erhalten, so wirken die Engel in den Energiezentren. Jedes Organ für sich funktioniert eigenständig, aber nur alle Organe zusammen machen den menschlichen Körper aus. Wenn ein Organ ausfällt, ist die Harmonie des Menschen gestört und er wird krank. Wenn ein Engel müde oder traurig ist, ein Chakra blockiert wird oder gar ausfällt, kann der Mensch ebenfalls krank werden.

Im Buch der Engel werden einige Geheimnisse bekannt gegeben, denn die Zeit ist reif dafür. Die Engelkräfte werden in jedem Menschen neue Erkenntnisräume erschließen. Es geht nicht ohne Arbeit an sich selbst. Wenn wir uns, unsere Sichtweise und das Weltbild, welches wir in uns aufgebaut haben, ändern möchten, geht das oft mit vorübergehenden körperlichen Beschwerden einher. Jede Veränderung greift in bestehende Muster ein und wenn wir einen anderen Weg einschlagen möchten, kann ein hilfreicher Wegweiser die Jakobsleiter mit ihren Energien sein.

Alle Chakren sind eigene kleine Welten, die noch zu erforschen sind. Die himmlische Jakobsleiter mit den Engeln ist die Verbindung dazu.«

BÄUME UND CHAKREN

Gilion liest aus dem Buch der Engel:

»Außer der Jakobsleiter kann man noch ein anderes Sinnbild für den Erkenntnisweg benutzen. Zum Beispiel den Baum.
Bäume nehmen in vielen Mythen einen hohen Stellenwert ein. Es wird sogar von der Erschaffung der Menschen aus Bäumen berichtet.
In der Kabbala ist die Beziehung zum Lebensbaum hergestellt. In der christlich/katholischen Kirche wird vom ‚Baum Jesse' gesprochen. Der Lebensbaum ist ein sehr altes Symbol und schon die Germanen berichten darüber. Ihre Überlieferungen erzählen von dem Weltenbaum, der Irminsul, der Weltenesche, der Yggdrasil. Unter einer seiner drei mächtigen Wurzeln liegt Midgard, der den Menschen zugewiesene Ort. Oben im Geäst der Esche lebt ein vielwissender Adler, unten nagt an den Wurzeln die gewaltige Schlange Nidhögg. Zwischen Adler und Schlange läuft das Eichhörnchen Ratatosk hin und her, um die Botschaften von der Baumwurzel/Unterwelt zur Baumkrone/Himmelreich zu transportieren. Der Baumstamm ist die Verbindung zwischen den Welten.«

Erkennen wir die Ähnlichkeit mit der Jakobsleiter?
Auch hier besteht die Dreigliederung: Anfang der Leiter auf dem Boden, die Stufen mit den Engeln und das Ende der Leiter im Himmel. Genauso beim Lebensbaum: Wurzeln, Stamm mit dem auf und ab laufenden Eichhörnchen und Krone. Er symbolisiert den Prozess vom schlafenden Bewusstsein zu erwachendem Bewusstsein und hin zum Göttlichen.
Noch einmal zur Erinnerung: Die Jakobsleiter als Weg für die Menschen, die Erde und Himmel verbindet, mit den Engeln als Boten und Helfer.

Der Baum, dessen Wurzel die Unterwelt darstellt, der Stamm, der das Unterbewusstsein mit dem höheren Selbst verbinden soll und die Krone, die den Himmel symbolisiert.

Im dämmrigen Wurzelbereich wurden – glaubt man den Märchenerzählungen – mehrere ungewöhnliche Dinge gefunden: der Geist in der Flasche, Goldvorräte, Schätze und Zwerge, aber auch schlafende Schlangen, dicke Kröten und allerlei unheimliches Getier. Ebenso werden aber aus den Wurzeln, selbst heute noch, Heilmittel hergestellt. Also eine eigene kleine Welt für sich mit angenehmen und unangenehmen Bewohnern und Möglichkeiten.

Die Krone verkörpert das Feinstoffliche und den Sagen nach wohnen in luftiger Höhe die Mythenvögel sowie die gewöhnlichen Vögel als Boten zu Gott. Märchen berichten von Baumelfen, die in den Ästen leben. Schwingungs-Heilmittel wie Homöopathie und Blütenessenzen zum Heil-Werden oder Duftstoffe zum Erfreuen von Körper, Geist und Seele werden zusätzlich aus Substanzen der Krone gewonnen.

Den Gesamteindruck der Kräfte bekommt ein Mensch, der körperlich eine Verbindung herstellt zum Baum, indem er sich z.B. mit dem Rücken an den Baumstamm lehnt.

Der Kontakt zu Bäumen bereichert unser Leben. Aber was haben sie mit den menschlichen Energiepunkten zu tun?
Wir haben sicher schon einmal gehört, dass man sich an Bäumen aufladen kann, d.h., wenn ein Mensch sich müde, schlapp und energielos fühlt, kann er zu einem Lieblingsbaum gehen, sich mit dem Rücken oder der Stirn an den Baumstamm lehnen und »tanken«.*

Es gibt Bäume, die sind bemerkenswert gut geeignet für Übungen, Visualisationen und Meditationen, um bestimmte Chakren zu aktivieren.
Eine wichtige Regel ist hierbei zu beachten: Es sollten allesamt Bäume sein, die sich für den Menschen, der ihnen seine Aufmerksamkeit schenkt und mit ihnen in näheren Austausch treten

---

* besondere Übung dazu s. Buch: »Steine, Bäume, Menschenträume«

möchte, ausdrücklich gut anfühlen. Mensch und Baum sollten sich spontan sympathisch sein und zueinander hingezogen fühlen.

Baum-Zuordnungen aus dem Buch der Engel zu den einzelnen Chakren:

Wurzelchakra:
Der Wurzelbereich einer gerade gewachsenen, schönen Esche.
»Die Esche duldet Unbill mehr als Menschen wissen.« (Edda, germanische Dichtung aus dem 13. Jh.)
Trotzdem oder gerade deswegen ist sie als Schutzbaum bekannt. Bäume haben ein anderes Empfinden von Unbill als Menschen.

Hara/Nabelchakra:
Alle Bäume, die aus einer Wurzel wachsen, sich aber fast noch am Erdboden teilen und dann als zwei Bäume gerade und stattlich nach oben streben. Zusätzlich noch Apfel- und Nussbäume.
»Die Apfelblüten süß und schwer, die Liebe heiß und voll Begehr.«
»Der Nussbaum hat gar wichtig Sinn, gibt er doch Kraft für Neubeginn.« (alte Volksweisheit)

Solarplexuschakra:
Eine dicke gesunde Eiche.
»Stark ist die Eiche wie Feuer, Wasser und Stein, so soll auch dein Empfinden sein.« (Altes Druiden- und Hexenwissen)
Die Eiche steht mit den »Füßen« oft auf Wasser und der feurige Blitz schlägt gern hinein: »Eichen sollst du weichen...«
Die Eiche ist ein solider, standfester Baum, dessen hartes Holz sehr beliebt ist. Beim Gang zur letzten körperlichen Ruhestätte begleitet uns oft das Holz der Eiche.

Irdisches und mystisches Herzchakra:
Eine üppige Linde.

»Freya geweiht, Herz befreit.«
Linden haben herzförmige Blätter und wurden früher als Ortsmittelpunkt und gern als Treffpunkt gewählt: »Unter Linden werdet ihr euch finden...« (Volkstümliche Redewendung)
Baum der Venus und der Liebenden.

Kehlkopfchakra:
Alle Bäume, die im oberen Stamm wieder zusammenwachsen und dadurch so genannte »Engelsaugen« bilden. Nach altem Volksglauben soll es Glück bringen, wenn man hindurchfassen- oder klettern kann (es gibt diese Engelsaugen sowohl in den unteren als auch in den höheren Bereichen der Bäume).
Zusätzlich sind besonders die Buchen zu erwähnen.
»Buchenmann so klar, Buchenfrau so wahr, Buchenwissen so nah.«
Kontakt zu einer männlichen Buche bringt klare Gedanken. Beisammensein mit einer weiblichen Buche schenkt intuitive Erkenntnis in undurchsichtigen Situationen.

Stirnchakra:
Weide, besonders eine anmutig gewachsene Trauerweide.
»Gib der Weide nie Feuer, nur Wasser, gib ihr Liebe und Geheimnis.«
»Die Trauerweide verhüllt mich dicht, rings fließt ihr Haar in mein Gesicht, ihre Tränen vergieß ich nicht.« (Alte Dichtkunst)
Die sanfte Weide reinigt von alten Schlacken, Gewohnheiten und festgefahrenen Mustern. Ihre herabfallenden Blätterhaare verbergen so manches Geheimnis.

Scheitelchakra:
Eine sehr hohe gerade Tanne (mit 60m höchster Baum in Deutschland)
»Oh Tannenbaum, oh Tannenbaum, kommst wie ein Traum vorbei. Didudeldei.« (Altes Liedgut)
Die Tanne bringt Frohsinn und Leichtigkeit. Nicht umsonst wird sie als Weihnachtsbaum üppig geschmückt. Erstrahlt sie dann im

Glanz der Kerzen, verbreitet sie Freude und Licht. Wie die Engel sind Bäume Freunde der Menschen und helfen ihnen auf dem Weg der Bewusstwerdung.

So wird es bedeutungsvoll, die Natur in unsere Meditationen einzubeziehen. Wer in der Natur und in ihren Wesen den Geist entdeckt, erblickt dann die gültigen kosmischen Zusammenhänge und Gesetzmäßigkeiten.

Baumgeister haben meistens ein freundliches Wesen und sind in der Regel hilfsbereit. Ist keine Kommunikation zu Naturwesen möglich, dann können Engel dabei helfen, einen Kontakt zu den Geschöpfen der Natur zu vermitteln.

Wenn Elfen mit Engeln im Morgennebel über die Wiesen tanzen, ist fast nicht auseinander zu halten, wo ein Engel schwebt oder die Fee tanzt. Öffnen wir uns für die Magie der Natur.

Menschen, die den Wunsch haben, bewusst das Zusammenspiel der Natur und der kosmischen Ordnung zu erspüren und helfen möchten, die körperlichen und geistigen Kräfte der Erdenbürger in Harmonie zu halten, sollten sich auf das Abenteuer einlassen, die Chakren-Engel kennen zu lernen.

KENNEN LERNEN DER CHAKREN-ENGEL

Die 10 ist eine besondere Zahl in der Zahlenmystik. Wie die Chakren-Engelkarten besteht auch die Kabbala nicht rein zufällig aus 10 Kraftzentren.

Die Engel sind durch die Jakobsleiter oder Wirbelsäule miteinander verbunden und die Kraftzentren des kabbalistischen Baumes sind durch die so genannten Pfade verbunden.

Ich bitte Gilion, den Geist des Engelbuches um eine Erklärung und er sagt bereitwillig:

»Lege zuerst alle Karten vor dich hin in der beschriebenen Reihenfolge der Chakren: Zuerst den Engel des Wurzelchakras, dann den des Harachakras, den des Nabelchakras und anschließend den Solarplexuschakra-Engel. Danach dann die beiden Engel der Herzchakren, zunächst den des irdischen Herzens, dann den des mystischen Herzens. Nun lege den Kehlkopfchakra-Engel an den mystischen Herzchakra-Engel und daran anschließend den des Stirnchakras, dann den des Scheitelchakras, der auch Kronenchakra-Engel genannt werden kann. Über allem schwebt der Buddha-Engel.

Fühle dich jetzt in die Formen und Farben ein. Lass dir Zeit dabei. Verkrampfe dich nicht, sondern gehe mit spielerischer Leichtigkeit und Offenheit mit diesen Karten um. Schon bald wirst du herausfinden, dass die Engelbilder anfangen, zu dir zu ‚sprechen'.

Jede Engelkarte hat eine eigene Geschichte, eine eigene Aussage, aber zusammen bilden sie eine Einheit, wie Stufen einer Leiter. Du kannst es dir wie einen Baum mit seinem Laub vorstellen, der mit seinem Stamm die Wurzeln mit der Krone verbindet. So verbindet auch die Wirbelsäule das Wurzelchakra mit dem Scheitel- oder Kronenchakra oder du kannst auch sagen, das Irdische wird mit dem Himmlischen/Göttlichen vereint. Jeder Engel auf den Bildern hat auch einen eigenen Namen. Namen sind wichtig zur Kontaktaufnahme und zur meditativen Verschmelzung. Mit einem Namen kannst du jeden Engel rufen und ein ganz individuelles Verhältnis aufbauen.

Im Spiel mit den Engelchakren-Karten wird ein tieferes Wissen verständlich und zugänglich. Die uralte Bild- und Farbsymbolik wirkt fast schon eigenständig und sickert unterschwellig ins menschliche Bewusstsein. Träume und Visionen verstärken diesen Weg des Lernens noch.

So werden auch die Symbolik und das Wissen der alten Weisheitsbücher verständlich. Ebenso wird auch die bildliche Sprache der Bibel in der Geschichte der Jakobsleiter transparenter.

Die Chakren-Engel sind Hüter der Kraftzentren auf der Jakobsleiter und in der Wirbelsäule. Ein anderes Bild dazu ist der Stab des Merkurs und die sich darum windenden Schlangen der Polarität. Hier kann der bewusst erlebte Erkenntnisweg beginnen.

Dieser Weg beginnt vielleicht mit dem Wunsch, den Sinn des Lebens zu suchen und Gott zu finden.

Warum Schlangen und Stab als Sinnbild? Was haben sie mit den Chakren zu tun?

Die Schlange galt immer schon als uraltes Symbol des Wissens. Jeweils an einer Windung der Schlangenkörper um den Stab oder um die Wirbelsäule befindet sich ein Kraftzentrum/Chakra. Ein Geheimnis verbirgt sich im bisher von den Indern als geheimes Chakra bezeichneten Hara-Chakra und im Kehlkopf-Chakra. Im Hara entspringen die beiden Polaritäten, die weibliche und die männliche Schlange; und im Kehlkopf vereinen sie sich wieder, um gemeinsam zu Weisheit und Göttlichkeit emporzusteigen. Der Kehlkopf wird symbolisch dargestellt durch die goldenen geflügelten Schlangenköpfe.

Das geflügelte Gold war den Alchemisten immer als die ungetrübten Seelenkräfte und die gereinigte Kraft des Herzens bekannt.

Warum das Kehlkopfchakra in der Literatur bisher meistens etwas stiefmütterlich behandelt wurde, mag daran liegen, dass seine außergewöhnliche, auch alchimistische Aufgabe noch nicht erkannt wurde.

Der Schlangenstab ist auch ein Attribut des Planeten Merkur. Auf alten Bildern trägt der Merkur den magischen Stab, der von den beiden Polaritätenschlangen umwunden wird. Die Schwänze der Schlangen haben einen gemeinsamen Anfang, um sich dann zu teilen und im oberen Bereich wieder zusammen zu finden. Welche Symbolik verbirgt sich hier wohl? Richtig, das bedeutet Erarbeitung des Wissens aus der Erfahrung und Erkenntnis der scheinbar entgegen gesetzten Kräfte des Weiblichen und Männlichen, der Yin und Yang Energien.

Diese Kräfte müssen vorhanden sein und zusammenwirken, denn dadurch wird das Spannungsverhältnis der Schöpfung aufrechterhalten. Nur so kann alles Leben entstehen, sich entfalten, existieren, vergehen und sich wieder erneuern.

Der Weg des Merkurs ist ein Weg zur Ausgeglichenheit der Polaritäten. Merkur wird auch der Verbinder von Himmel und Erde genannt. Die chymische Hochzeit vermählt die Yin- und Yang-Energien miteinander und zusätzlich mit der neutralen Kraft der Mitte. Die Kraft der Mitte verbindet Erde und Himmel. Hier wirkt das Symbol des Dreiecks.

Die Menschen bekommen dadurch eine Möglichkeit, die Welt verstandes- und gefühlsgemäß, wissenschaftlich und intuitiv spirituell zu erkennen. Jedes Sammeln von Erkenntnissen der verschiedenen Kräfte des Yin und Yang führt zu lebendigem Verständnis.

Die Chakren-Engel bieten sich als Führer und auch als Orientierungshilfe im Dschungel der Bewusstseinsschichten im wilden Wasser der Gefühle und im lodernden Feuer der Gedanken an«.

Gilion schweigt nun. Wie der Engel des Buches empfohlen hat, lege ich alle Karten vor mich hin und meditiere darüber. Warum haben die Chakren-Engel keine Gesichter? Später frage ich Gilion danach und er antwortet mir:

»*Damit jeder Betrachter, der sich in die Energie der Karten einfühlt, seinem Engel sein eigenes Antlitz und seinen eigenen gesehenen und empfundenen Gesichtsausdruck geben kann.*«

Das leuchtet mir ein und ich vertiefe mich in die Engelchakren-Karte der untersten Sprosse der Leiter, am unteren Ende der Wirbelsäule. Als ich am Kehlkopfchakra angelangt bin frage ich Gilion:

»Was ist eine chymische Hochzeit?«

Er antwortet: »*Damit ist der Weg des Menschen und der Seele zu Gott gemeint. Von der Geburt des Menschen bis zu seinem ‚Übergang'. Dazwischen sind alle Bewusstseinsstufen, die es zu erklimmen gibt. Irgendwann kommt der Mensch zu der Erkenntnis der Polaritäten und einer neutralen Kraft. Das heißt, er lernt auf seinem Lebensweg die weibliche und die männliche Sichtweise kennen. Wird es zu seinem innersten Bedürfnis die Polaritäten zu vereinen, dann sprechen wir von der chymischen Hochzeit. Sie ist vergleichbar mit alchemistischen Prozessen.*

Wenn die weibliche mit der männlichen Polarität während der chymischen Hochzeit vermählt wird, kann die neutrale, göttliche Kraft gesehen und gespürt werden.

Wenn in der Alchemie in einem magischen Akt Blei mit einem anderen Stoff verbunden wird, dann entsteht Gold.

Der Mensch (Blei) wird durch die irdische Inkarnation (Stoff) verbunden mit seinen neuen Erkenntnissen und es kann dann durch Bewusstsein (Transformation) etwas Neues entstehen (Gold). Der goldene Mensch hat seine Seele gefunden und die Liebe zu Gott.

Die chymische Hochzeit ist ein Zustand, den ein Mensch erleben kann, nachdem er verschiedene Stationen der Bewusstseinsfindung und Prüfungen durchlaufen hat. Als Hochzeitsgeschenk wartet die Hebung des inneren Schatzes, das Entzünden der göttlichen Flamme.

Ein Weg dorthin ist die Jakobsleiter. Sie zeigt den Prozess des Erkennens einzelner Stufen, die sich zu einer Leiter zusammensetzen. Sie verbindet Erde und Himmel, Wurzelchakra mit Scheitelchakra und führt dann weiter zur kosmischen Anbindung und ins göttliche Licht. Die Engel auf der Leiter sind Erkenntnis-Engel für die Menschen und wir nennen sie auch geflügelte Goldwesen.«

Gilion hat seinen Kopf auf seine gefalteten Hände gestützt, schaut mich an und sagt: »*Engel sind wirklich – Wirk-Licht – sie wirken durch Licht.*«

CHAKREN – TORE ZUM SELBST

Wozu brauchen wir Chakren-Engel?

Die Engel machen uns offener, wissbegieriger und zwingen uns zu nichts! Mit einem Engel an der Seite sind wir gut beschützt und können das Abenteuer unseres Erkenntnisweges vertrauensvoll beginnen. Sie geleiten uns zu einem bewussten, gereinigten, spirituell intelligenten Zustand.

Bei der persönlichen Weiterentwicklung im seelisch/geistigen Bereich können die Chakren-Engel uns begleiten und beistehen. Scheinbar zufällig führen sie uns zu den Wesen, Menschen oder Büchern, die uns weiterhelfen und leiten Situationen ein, in denen wir lernen dürfen. Es können durchaus für uns auf den ersten Blick auch unangenehme Begebenheiten sein.

»Der Schmerz ist ein heiliger Engel, und durch ihn sind Menschen größer geworden als durch alle Freuden der Welt.«
Adalbert Stifter

Erkennen wir den tieferen Sinn hinter allem Geschehen, wird das Leben verständlicher, leichter und bunter. Sogar unsere Feinde werden dann unsere Lehrer sein können.

Auch das Verantwortungsgefühl und Verständnis für andere nimmt stetig zu, wenn wir durch die Engel geführt werden. Auf körperlicher Ebene »sehen« wir mit Hilfe der feinstofflichen Wesen die Zusammenhänge zwischen körperlicher Erkrankung und Seelenzustand und können so anderen Menschen gezielter Beistand leisten.

Wir erkennen, dass jeder Abgrund seinen Grund hat und wir nie ohne Beistand aus anderen Ebenen sind! Als Erstversorgung im Notfall bitten wir die Engel um Rettung aus Schmerz und Unwissenheit.

Besonders denken wir an dieser Stelle an den Glücksengel *Nasita*. In allen Lebenslagen steht und geht er an unserer Seite, wenn wir ihn rufen. Seine Gabe des Glücks legt er mit unermüdlich gebenden Händen in die bittenden aufnehmenden Herzen der Menschen. Seine Hilfe gibt er uns auf allen Stufen der Himmelsleiter und in allen Dimensionen der Chakrenwelten. Nasita begleitet zusammen mit den anderen Engeln die Menschen, führt sie mit sicherer Hand durch die Erkenntnisentwicklung und erfüllt verständnisvoll innigste Wünsche.

Die Beschäftigung mit den Chakren und ihren Engeln kann durchaus zu einer Übung fürs ganze Leben werden, die uns nicht mehr aus Kopf und Herz geht. So widmen wir dieser daraus resultierenden Kraft gerne viel mehr Zeit und Achtsamkeit schon deswegen, weil wir uns durch sie wesentlich fröhlicher und vitaler fühlen.

Was sind Chakren?

Chakren – 10 Tore ins Glück.
Chakren – 10 Veränderungsphasen.
Chakren - 10 Bewusstseinswelten.

Die Chakren können wir uns vorstellen wie Tore, Räder, Energiepunkte oder Öffnungen in unseren feinstofflichen Körpern, die in direkter Weise mit unserem physischen Körper vereint sind. Sie stehen energetisch in Beziehung und sind miteinander verbunden durch den Kanal der Wirbelsäule. Die Energie fließt von den feinstofflichen Körpern in den grobstofflichen und umgekehrt, außerdem in der Wirbelsäule von unten nach oben und von oben nach unten. Solange ein Mensch noch unerwacht und ausschließlich in irdischen Belangen verstrickt ist, sind seine Chakren unentwickelt und die Energieräder sind klein, schwerfällig in der Bewegung und stumpf in den Farben.

Die Türen sind geschlossen aber nicht verschlossen. Manchmal öffnet sich wie zufällig eine Tür einen Spalt breit, so dass ein Lichtschein einen Menschen erreicht und aufweckt. Dann wird nach und nach der Schleier des Unbekannten beiseite gezogen.

Jedes Chakra hat seine eigene Klangfarbe, seinen kosmischen Ton, es ist die Melodie der lichten Engel. Die Hüter der Chakrenqualitäten sind die Chakrenengel.

Kümmert sich der Mensch bewusst um seine feinstofflichen Zentren, werden sie durch seine Aufmerksamkeit belebt und erwachen von Mal zu Mal mehr, bis das neue Bewusstsein des Menschen sie wie einen funkelnden Diamanten strahlen und wirbeln lässt. Sie pulsieren dann voller Lebenskraft und -freude. Die Farben werden leuchtend und die Bewegung leicht und dadurch schneller. Der Austausch zwischen fein- und grobstofflichem Körper ist nun so einfach wie das ganz normale Ein- und Ausatmen.

Jedes Chakra ist somit eine eigenständige Welt, ein eigener Planet, den wir besuchen, ergründen und erforschen können. Besonders hier helfen die Engel sehr. Sie lassen uns nie allein in schwierigen Situationen und unbekannten Welten.

Diese Chakren-Welten drehen sich ständig und werden mit einer Feuersonnen-Energie aus höheren Ebenen versorgt. In dieser Aktivität sind die Kräfte von allen zehn Chakrenengeln enthalten. Sie versorgen den physischen Körper aller Menschen mit purer Lebensenergie. Darum sind zwar auch bei einem unbewusst lebenden Menschen alle Chakren in Tätigkeit, allerdings sehr viel langsamer als bei den Menschen, die sich schon mit ihren Energien beschäftigt haben. Ihre Zentren erhalten nur so viel Vitalität, wie sie gerade benötigen, um den menschlichen Körper mit dem lebenswichtigen Fluidum zu versorgen.

Bei einem schon bewusstseinsmäßig entwickelten Menschen strömt eine größere und stärkere Menge an Lebenskraft in die Chakren. Dadurch wirbeln sie schneller, sind reiner und strahlender. Diese Menschen haben mehr Möglichkeiten alle Sinne zu entwickeln als andere Personen. Oft haben sie auch besondere Fähigkeiten.

Chakren sind Begegnungsstätten mit den Engeln, innere Orte der Kraft, eigene Erfahrungswelten und individuelle Schulungsräume. Es gibt Situationen, da öffnen sich die Chakren, wenn die Gegebenheit passend ist, selbsttätig und ganz unvermittelt.

Eine eigene Geschichte dazu:

Mit meinem Mann war ich 2003 im Urlaub in Österreich. Wir bekamen von einer Angestellten des Hotels einen Geheimtipp. Uns wurde ein See empfohlen, der den Touristen relativ unbekannt ist. Die Einheimischen nutzen ihn als Badesee. An einem sonnigen Mittwochnachmittag machten wir uns auf den Weg dorthin. Obwohl die Luft mild war und die Sonne schien, waren wir allein am See. Ein guter Spazierweg führte um die geschützte und wie ein glitzernder Spiegel daliegende Wasserfläche herum.

Wir wanderten erwartungsvoll los. Ein paar Schönwetterwölkchen spiegelten sich im ruhig daliegenden Wasser. Das Ufer wurde gesäumt von allerlei Sträuchern und vereinzelt standen dort auch Bäume. Es war sehr ruhig, nur ab und zu hörten wir von weitem Hundegebell. Nach anfangs lebhaftem Gespräch wurden wir immer einsilbiger, bis unsere Unterhaltung ganz verstummte.

Der Weg schlängelte sich schmal und immer schmaler werdend durch eine mit Wildblumen übersäte Wiese. Ich blieb entzückt stehen, als eine Unzahl von Schmetterlingen aufflog, offensichtlich aufgescheucht von uns. Sie beruhigten sich schnell und alle suchten sich eine neue Blume. Ich drehte mich um und schaute auf den etwas zurück liegenden See. Leichter Wind mit dem Duft von Wasser und Blumen strich über mein Gesicht. Vor mir lag die funkelnde Fläche des Sees, im Hintergrund waren die Berge, eine fast kitschige Postkarten-Silhouette. Ich war innerlich still und glücklich.

Plötzlich öffneten sich meine Chakren, die ich sonst ohne Vorbereitung nicht bewusst fühle. Von unten nach oben hin drehten sie sich wirbelnd und entfalteten sich im Öffnen wie Blumen in der Sonne. Es fällt schwer, dafür die geeigneten Worte zu finden. Es war, als ob auf meine Vorderseite eine Kraft einströmte, die sich - kurz vor mir - in die verschiedenen Energiezentren meines Körpers verteilte. Frischer und reiner Lebenshauch erfüllte mich.

Dieses Einströmen der Kraft war nicht etwa ein Geschehen von Sekunden. Nein, ich schaute auf die Uhr, es dauerte bestimmt 10 Minuten. Frei und gelöst hätte ich davonfliegen können.

Als das Gefühl langsam verblasste, schlossen sich meine Energietore wieder, aber jetzt ganz langsam und sanft. Unbedingt musste ich sofort mein eigenartiges Erlebnis mit jemandem teilen. Nachdem ich es meinem Mann erzählt hatte, fühlte ich tief aufsteigend in mir unendliche Freude, Stärke und Dankbarkeit.

Nachdem ich so eine spontane Chakrenöffnung noch ein weiteres Mal erlebt habe, muss ich erkennen, dass sie in besonderen Situationen auch eigenwillig reagieren.

Das Allgemeinbefinden und die Gesundheit eines Menschen, der mit der Natur im Ein-Klang ist, seine Chakren erweckt hat und seine Engelkräfte kennt, ist in der Regel sehr gut. Sein Blutkreislauf und auch das Nervensystem sind relativ stabil bis ins körperlich hohe Alter hinein.

Wo befinden sich die Energiewirbel, die wir Chakren nennen?

Das *Wurzelchakra* befindet sich an der Basis der Wirbelsäule, am unteren Ende der Jakobsleiter. Warum beginnen wir unseren inneren Weg mit diesem Chakra?

Schauen wir in die Natur, die Erde zeigt uns deutlich, wie tief in ihr neues Leben beginnt. Um ein neues inneres Verständnis zu bekommen und ein anderes geistiges Erleben, beginnen auch wir an unseren Wurzeln.

Das Wurzelchakra wird nicht ohne Grund so genannt. Hier befinden sich unsere eigenen Wurzeln zu unserem Wesen, unserem Volk und dem Sinn unseres Daseins. Allerdings müssen wir erst die Dämmerschatten des Unterbewusstseins durchdringen, um zur Essenz zu gelangen. Wir werden nicht allein gelassen auf dem Weg die dunklen Gänge unserer unbewussten Regungen zu erforschen.

Im Wurzelchakra hat der Engel *Saamis* sein Reich und ist nicht nur punktuell für das Chakra zuständig, sondern auch für den ganzen unteren Bereich des Körpers, angefangen vom letzten Wirbel des Rückgrates bis hin zur letzten Zelle der Füße und in den Erdboden (Unterbewusstes) hinein.

In diesem Chakra schläft die Schlangenkraft, auch Kundalini genannt. Diese dynamische Energie sollten wir zu Anfang schlummern lassen und uns vornehmlich mit Saamis, dem Wurzelchakra-Engel, beschäftigen.

Die Kundalinikraft oder -schlange, wie sie auch genannt wird, ist eine feurige Energie mit unglaublicher Dynamik. Die Weisen Indiens warnen davor, diese Schlange ohne Vorbereitung zu wecken. Und doch finden sich in verschiedenen Schriften diesbezügliche Übungen. Geschieht eine Erweckung unvorbereitet, können Nervenenden verbrennen und das Emporzischen der Kundalini kann die Seele eines Menschen aus dem Körper in andere Seinszustände schleudern. Für die Mitmenschen sieht es dann so aus, als wäre er verrückt geworden. Und in der Tat, er ist »ver-rückt worden«!

Es gibt für solche extremen Situationen allerdings auch Hilfe. Die Menschen sind nicht allein gelassen in ihrem Ringen um Erkenntnis.

Der Engel des Wurzelchakras sieht sicher nicht zufällig aus wie eine Schlange ... Wir können uns ihm aber ganz ohne Gefahren zuwenden, da der Engel nur die sanfte Verkörperung eines Aspektes der Kundalini ist.

Das *Harachakra* kann erahnt werden zwischen Wurzelchakra und Nabelchakra. Es ist durch den zuständigen Engel relativ gefahrlos zu erforschen, denn er lässt nur soviel ins Bewusstsein des Menschen, wie dieser ertragen kann. Der *Hara-Engel* verrät seinen Namen individuell und nur demjenigen, der ihn darum bittet. Da er dadurch sehr viele Namen hat, werden wir ihn zuerst nur mit »*Hara-Engel*« ansprechen.

In manchen alten Schriften wird vor einer Beschäftigung mit dem Hara-Chakra gewarnt, da es sich sehr nah an den geistigen wie körperlichen Zeugungsorganen befindet. Ich teile diese Auffassung nur bedingt, denn der *Hara-Engel* hüllt uns ja schützend in seine Aura, damit wir durch die Erforschung dieses Chakras lernen können.

Mit seiner Hilfe können wir unseren »Hara-Partner«, ein Seelenpartner, der eine perfekte Ergänzung zu unserem eigenen Wesenskern ist, kennen lernen. Dieser Partner ist nicht unbedingt auf dieser Erde verkörpert, sondern kann sich durchaus in anderen Seinsebenen aufhalten.

Ist er auch irdisch verkörpert, dann wäre es beglückend, mit ihm jetzt das Erdenleben zu teilen. Ist das karmisch möglich, dann sind das die Menschen, die eine liebe- und respektvolle Ehe und Beziehung bis ins hohe Alter führen.

Manchmal soll jedoch etwas anderes als das gelernt werden und der Hara-Partner ist anderweitig gebunden. Dann kann es passend sein, mit ihm eine freundschaftliche Beziehung einzugehen. Selbst ein völlig voneinander getrenntes Erdenleben kann karmisch vorgesehen sein.

Oder wir erkennen unseren Hara-Partner in einem Lebens-Lehrer, der uns wichtige Ratschläge zur Bewusstwerdung gibt. Ist er nicht in diesem Leben verkörpert, können wir eine meditative Freundschaft oder Partnerschaft zu ihm herstellen. Selbst ein Engel kann ein Hara-Partner sein!

Wichtig ist die seelische Energieflamme, die in beiden Wesen brennt, im männlichen Wesen rötlich, im weiblichen bläulich. Ähnlich wie im Zeichen des Yin und Yang haben beide Partner eine gemeinsame Harmoniehülle. Trifft man seinen Hara-Partner in diesem Leben, dann ist sofort ein vertrautes Gefühl da. Sicher haben das schon viele Menschen einmal erlebt.

Im Harachakra ist auch ein besonderer Raum der Kraft eingerichtet. Der geheimnisvolle Zugang wird durch Meditation, verschiedene andere Methoden und die Beschäftigung mit dem Hara-Engel gefunden.

Des Weiteren teilt sich der Urstrom des Wurzelchakras in drei wichtige Energiekanäle, in den neutralen, weiblichen und männlichen Strom.

Die Inder benennen den Kanal, durch den die weiblichen Kräfte fließen »Ida«, den Kanal durch den die männlichen Energien strömen »Pingala«. »Susumna« nennen sie den Kanal, durch den sich die neutrale Kraft ergießt.

Das Temperament und die durch mehrere Inkarnationen erworbene Persönlichkeit des Menschen, die unbewusst im Wurzelchakra schlummert, flutet mit der relativ neutralen Lebenskraft in der Mitte der Wirbelsäule durch alle Chakren und tritt am Scheitel durchtränkt mit allen Besonderheiten des Menschen wieder aus.

Durch die Erweckung der Chakren und das Kennen lernen der Engel gelangen wir zu besonderer Reife und Erkenntnis. Das ermöglicht uns, die kosmischen Freunde zu treffen und dann einzugehen ins Göttliche.

Wer Bewusstsein erlangen möchte, wird sich allerdings auf die Reise begeben müssen, um die Schätze der Yin- und Yang-Kräfte wieder einzusammeln. Sie werden der neutralen Energie im mittleren Kanal hinzugefügt und wir besitzen dann die drei kostbaren Schlüssel zum Himmelstor.

Die Kanäle sind bildlich dargestellt in dem Stab/neutral und den beiden sich windenden Schlangen/Yin, Yang und den Engeln.

Im *Nabelchakra* ist die Betätigungswelt des Engels »Nassra«. Das Chakra dreht sich in der Nähe des Bauchnabels und der Engel achtet in seinem Gebiet auf die Vitalität dieser Körperregion und der Organe. Hier sind die körperlichen Zeugungsorgane und das Verlangen nach körperlicher Vereinigung zu finden. Dieses Chakra ist meistens bereit zur Empfängnis, körperlich wie emotional. *Nassra* macht uns bekannt mit unserem »Bauchgefühl« oder »Gefühlsgehirn«.

Oft werden Entscheidungen »aus dem Bauch heraus« gefällt und diese spontan intuitive Kraft entfaltet sich hier im Nabelchakra.

Das *Solarplexuschakra* pulsiert ungefähr zwischen den beiden unteren vorderen Brustbögen. Wenn wir einen Schreck bekommen, legen wir oft spontan die Hände dorthin, um diesen Bereich vor dem unliebsamen Eindringen von negativen Gefühlen und Kräften zu schützen. Der Engel »*Solaris*«, der seiner Aufgabe hier nachgeht, ist ein imponierender, männlicher Sonnenkraft-Engel und sehr mächtig. Der Sonnenaspekt steht für Kraft, Macht, Ich-Erkenntnis, pulsierende, vitale Energie, Wille, alle aktiven Handlungen, Yang-Bewusstsein und sein immer bereitwilliges Sendebedürfnis. Solaris aktiviert das handelnde, operierende Bewusstsein.

Das Solarplexuschakra wird zum Beispiel zusammen mit dem Stirnchakra zum Rutengehen gebraucht.

Solarplexus: Aktion.

Stirn: Hellsehen.

Verschiedene Versuche, diese Energiezentren mit z. B. Alufolie zuzukleben, haben die Trefferquote der Rutengänger beträchtlich sinken lassen. Ihre Mentalkräfte des Willens und Sehens wurden damit blockiert.

Im *Irdischen Herzchakra* herrscht ein sehr weiblicher, sanfter Mondkraft-Engel. Dieses Chakra liegt dort, wo sich unser körperliches Herz befindet. Alle Emotionen der irdischen Liebe fluten in und durch das Herzchakra. Der Engel heißt »*Elochiel*« und kann die heftigen Gemütsregungen, denen ein Mensch manchmal unterworfen ist, mildern. Das Mondherz schlägt für Liebe, Hingabe, Yin-Erkenntnis, weibliche Intuition, alle Handlungen, die mit Geschehen lassen zu tun haben. Auch die magnetische Kraft der Anziehung und eine immer wache Empfangsbereitschaft ist ein Kriterium der Yin-Kraft.

Die Liebe äußert sich in Mutterliebe, Freundesliebe, Tierliebe, Partnerliebe, Naturliebe und ganz allgemein in einer liebenswürdigen Anziehungskraft. Die Liebe ist oft noch durchsetzt mit dem Egoismus des Besitzenwollens. Eine Umarmung kann schnell eine Umschlingung werden!

Auch Gefühle wie Traurigkeit, zurückgewiesene Liebe, unerfüllte Wünsche und Unglücklichsein sammeln sich vorzugsweise im Herzchakra.

Den Herzensstempel finden wir aber auch hier, das ist die Fähigkeit, allen Handlungen einen herzlichen Hauch zu geben.

Die Energie des *Mystischen Herzchakra* schlägt in der Mitte der Brust, in gleicher Höhe wie unser irdisches Herz. Sein Engel ist ein Bote der hohen Empfindungen und sein Name ist »*Elseelias*«. Er ist auch Hüter unserer Herzensflamme*.

Im Mystischen Herzchakra entfaltet sich das Ahnen und Sehnen nach übersinnlichen Erfahrungen und Fähigkeiten zum Wohle der Mitgeschöpfe. Der Impuls Wärme zu geben entspringt hier.

Die Liebe ist rein und ohne ungesunden und unsere Entwicklung hemmenden Egoismus. Das Gefühl existiert zum Wohle aller aus sich heraus, aus höherer Eingebung. Keine Besitzgier trübt diese Liebe, die nichts für sich fordert. Verehrung und Sehnsucht nach kosmischer Religion ist der Ausdruck des mystischen Herzchakras. Auch der Wunsch, sich gegenseitig auf dem Lebensweg zu helfen und Unrecht zu verzeihen, entspringt hier.

Elseelias sprüht immer den Impuls nach Höherem in uns hinein. Das Gespräch mit Gott oder den Engeln kann im mystischen Herzen geführt werden. Die Sehnsucht nach der Verschmelzung unserer Herzensflamme mit dem göttlichen Licht wird entzündet.

Der Engel »*Khamaji*« ist der Helfer im *Kehlkopfchakra*. Die beiden Schlangenkräfte vereinen sich hier mit dem Stab und alle drei Energien fließen gemeinsam ineinander und weiter nach oben in das Stirnchakra, Scheitelchakra und zum Buddha-Engel. Im Hochzeitsraum (Kehlkopfchakra) wurden die Braut (Yin) und der Bräutigam (Yang) durch die chymische Hochzeit vermählt und mit der Mitte (neutrale Lebenskraft und mitgebrachte Seelenpersönlichkeit) vereint. Der Hochzeitsflug endet im Glück.

Im Kehlkopfchakra können sich unausgesprochene Gefühle stauen und eine Kluft entsteht zwischen Worten und Taten und zwischen Wunscherfüllung und unterdrückten, verdrängten Wünschen. Außerdem zeigt sich ein Riss zwischen Verstand und Gefühl.

---
* Buch: »Zeitnischen«

Khamaji ist ein Engel, der sich nicht ziert und sich bereitwillig zeigt. Er stößt uns oftmals sehr direkt auf das Unvermögen, Gefühle in Worte zu fassen. Ein hohes Verantwortungsgefühl und Vertrauen in göttliche Kräfte werden hier in diesem Chakra erweckt. *Khamaji* hilft uns zu unterscheiden zwischen Sein und Schein! Wir entdecken hier auch den feinstofflichen Kessel der Wiedergeburt. Sehr oft finden wir solche Kessel im keltischen Mythos. Sie sind ein Zeichen für einen Neubeginn. Der Kessel ist eine Art Schmelztiegel, in dem die Yin- und Yang-Kräfte zusammenfließen und durch das Verschmelzen vereint und transformiert werden. Ein alchemistischer Akt der Reinigung und des Lösens und Verbindens.

Nach alten Erzählungen bleibt nach so einer Handlung reines Gold übrig. Gehen wir davon aus, dass sich die Engel für das Gold der Seele im Menschen einsetzen und dieses alchemistisch herauskristallisieren möchten, denn Khamaji ist der Initiator der chymischen Hochzeit. Das heißt, gereinigte männliche und weibliche Energiekräfte werden vereint und zu Gold.

Im *Stirnchakra* beschützt »Hiroel« das Himmelsfenster im magischen Spiegel. Seinen Platz finden wir zwischen den Augenbrauen. Dieses Chakra hat mit der Erweckung der Hellsichtigkeit zu tun. Darum wird es auch »Das dritte Auge« genannt. Die bildhafte Orakelkraft macht sich bemerkbar.

Im Stirnbereich kann das zielgerichtete Wollen und Bitten eingesetzt werden. Feinstoffliche Vorgänge können mit dem Augenstrahl* erfasst werden.

Eine weitere Eigenschaft, die sich im Stirnchakra ausbildet, ist Klarheit und Erkenntnis. Mit Hilfe von *Hiroel* ist auch das luzide Träumen durch dieses Chakra zu erleben. Träume eröffnen uns den Zugang zu verschütteten oder ganz neuen Erkenntnissen. Im luziden Traum betreten wir eine Erlebniswelt, in der wir halbbewusst und manchmal sogar ganz bewusst in die Traumhandlung eingreifen und das Geschehen lenken können. Dann arbeiten unser Verstand und unser Gefühl synchron. Um das zu erreichen,

---
* Steine, Bäume, Menschenträume

werden spezielle Übungen zur Verbindung der rechten und linken Gehirnhälfte vom Engel gern unterstützt.

Praktische Übung dazu: »Gehe in meditative Stille und stelle dir im Stirnchakra von innen einen hellen Punkt vor. Lasse ihn wachsen zur Größe einer dicken Murmel und stell dir dann vor, wie die Murmel im Uhrzeigersinn langsam und dann immer schneller in deinem Kopf kreist. Von der Mitte der Stirn zum rechten Ohr, von dort zum Hinterkopf, dann zum linken Ohr und wieder zurück zum Stirnchakra. Nach ca. fünf - zehn Runden die Murmel genauso lange gegen den Uhrzeigersinn drehen lassen, vom Stirnchakra zum linken Ohr, zum Hinterkopf, zum rechten Ohr und zurück zur Stirnmitte«.

Meditation und Beschäftigung mit dem Stirn-Engel gehen nicht selten mit leichtem Schwindelgefühl einher. Daran können wir bemerken, dass alles seine Richtigkeit hat und uns nicht ängstigen muss. Denn unser Gleichgewichtssinn wird ein wenig angestoßen und wir können eine andere Balance in geistigen Bereichen finden.

Der Spiegel in *Hiroels* Händen ist ein magischer Spiegel. Er konfrontiert uns mit uns selbst. Das ist uns bekannt aus dem Wurzelchakra. Aber dort begegnen wir uns auf der allerersten, untersten Ebene. Das Zusammentreffen im magischen Spiegel ist schon ein höherer Vorgang. Im Stirnchakra sind die Schlacken bereits aussortiert und wir befinden uns in einem wesentlich reineren Zustand.

Ist die Konfrontation im Wurzelchakra noch die Auseinandersetzung mit unserer Schattenhaftigkeit, ist sie im Stirnchakra das Beisammensein mit einem Freund oder lieben Gefährten.

Hiroels Zauberspiegel gewährt uns zusätzlich einen ersten Blick auf unser höheres Selbst und den Sinn unseres Erdenlebens.

Die im Kehlkopfchakra zusammengeflossenen weiblichen und männlichen Energieströme sind bei *Hiroel* in den richtigen Händen. Hier äußern sie sich nicht mehr rein polar, sondern fließen zusammen im neutralen Energiestrom mit ihren speziellen Anteilen.

So manifestiert sich nun eine feine, höhere »Es«–Schwingung, die göttliche Mutterenergie, die Weisheit der Sophia und Barmherzigkeit von Maria. Maria ist die geistige Mutter und Königin aller Engel und sie lernen von ihr, alles im richtigen Maß und mit dem nötigen Mitgefühl zu sehen. Maria und die Engel schweben durch das Himmelsfenster zu uns in die stoffliche Welt. Es ist ein Durchgang für die feinstofflichen Wesen zu uns Menschen und in unsere Sinneswelt, aber auch ein Fenster, durch welches wir Menschen in begnadeten Augenblicken in die Anderswelten schauen dürfen. Einmal durch dieses Himmelsfenster geblickt, lässt es unser Empfinden erschauern vor dem Universum hinter dem Universum, hinter dem Universum, hinter dem Universum... eine unendliche Geschichte.*

Das *Scheitelchakra* ist der Bereich des Engels »*Isael*«. Es treten hier die Ströme des Temperamentes und der im Leben erworbenen Persönlichkeit aus und verbinden sich mit dem *Buddha-Engel*, der als Symbol für ein Kennen lernen der Sternenwesen und die Anbindung an Gott gesehen werden kann.

Isael stellt in der Meditation und beim Gebet die richtigen Energien für eine Verbindung zu höheren Idealen und Welten zur Verfügung. Eine geistige Öffnung des Scheitelchakras kann auf der körperlichen Ebene eine erste schnelle Entlastung bei zu hohem Blutdruck sein, sozusagen als Notfallmaßnahme, bis ein Arzt oder sonstige Hilfe erreicht werden kann.

Der Engel *Hiroel* garantiert eine erhöhte, klare Aufmerksamkeit und neue Achtsamkeit allen Geschöpfen gegenüber. Man wird erkennen, dass daraus ein tiefes Bedürfnis nach sehr leichter und vegetarischer Nahrung entstehen kann. Hier in diesem Chakra existiert keine klare Einteilung mehr in weibliche und männliche Energie.

Dies ist eher eine spiralförmig wirbelnde Schwingung, eine feine Königsausstrahlung. Bei den Ägyptern wurde das angezeigt durch die Kobra auf dem Kopf und wird hier bei der Chakren-Engel-Karte durch den Adler symbolisiert.

---

* Buch: »Zeitnischen«

Der stolze Greifvogel kann als unser Mittler zum jauchzenden Freudebewusstsein betrachtet werden.
Erinnern wir uns an die germanische Erzählung der Edda? Dort wird vom viel wissenden Adler berichtet, der in der Krone des Weltenbaumes Yggdrasil sitzt.

Buddha-Engel: Er ist das Bild für die kosmische Anbindung oder die Kontaktaufnahme zu Gott. Unsere Seele taucht in den wahren Zustand des Friedens, wenn sie das Göttliche erkannt hat.

Jeder möge sich selbst überzeugen, wie heilend, wunderbar und einzigartig die schützenden weichen Flügel dieser Engelenergie uns umhüllen: ein Frühlings-Hauch der Ewigkeit.

Wichtige Helfer der Chakren-Engel:
Der Übergangsengel:
Er wird *Hedul* genannt. Seine Hilfe ist den Menschen bei allen schwierigen Übergängen, schmerzlichen Wandlungen und gravierenden Veränderungen gewiss. Plagen uns Ängste vor den Wendepunkten im Leben, können wir immer auf den Engel *Hedul* zählen. Er stützt und trägt uns während erforderlicher Wechsel der Seinsebenen.

Der Glücks-Engel:
Sein Name ist *Nasita* und er begegnet uns in der Regel nach dem wir die Chakren-Engel kennen gelernt haben. Das Glück kommt mit dem Ganz-Werden, dem Heil-Werden. Durch die Zusammenarbeit mit den Chakren-Engeln in körperlichen, seelischen und geistigen Belangen und ihre Hilfe während der Erfahrungsreise durch die Energieuniversen der Chakren bekommen wir eine grundlegend andere Sichtweise und Erkenntnisfähigkeit. Dabei werden wir uns unserer innerlichen Kraft- Licht- und Farbräume bewusst. Die Engel helfen uns dabei, die niederen Neigungen zu erkennen, in edlere Wünsche zu transformieren und so den inwendigen Heilungsprozess in Gang zu bringen. Durch den nun möglichen, anderen Umgang mit Leid, Schmerz, Krankheit und Tod/ Wandlung, schwebt der Glücks-Engel ins Leben der Menschen.

PRAKTISCHE
ENGEL-WAHRNEHMUNGS-ÜBUNGEN

Es gibt verschiedene Methoden, um mit den Chakren-Engeln in Kontakt zu kommen, sie wahrzunehmen, sie zu »hören«. Um das Unsichtbare hinter dem Sichtbaren zu entdecken, suche sich jeder Chakrenforscher seine individuelle Vorgehensweise aus, denn jeder Mensch hat eine andere Zugangsebene.

1. Methode

Stelle die Karte des Engels vor dich hin auf den Tisch und setze dich in bequemer aufrechter Haltung davor. Dann zünde eine oder mehrere Kerzen an. Schalte evtl. vorhandenes elektrisches Licht aus. Nun schaust du intensiv, ohne mit der Wimper zu zucken. Du ganz allein bestimmst die Zeitdauer.

Nach einer Weile richtest du deinen nicht mehr fokussierten Blick auf die Karte. Es kann geschehen, dass der Engel sich nun bewegt. Wenn etwas Zeit vergangen ist und deine Augen zu tränen beginnen, schließe sie. Gehe jetzt in die innere Stille mit Hilfe der Meditation und achte auf jede Seelenempfindung, auf all deine Seelenbewegungen. Lausche in die Ruhe hinein ... Die Kunst der Stille* senkt Hoffnung und Licht in die Seele.

2. Methode

Jede Kontaktaufnahme ist ein »in Resonanz gehen« mit den jeweiligen Kräften, ein intensives Eintauchen.

Wähle intuitiv einen Engel aus, der dich speziell anspricht, und halte oder lege ihn mit der Bildseite zu deinem Körper gewandt auf das zugeordnete Chakra. Schließe deine Augen, komme äußerlich und innerlich zur Ruhe und sei achtsam und hellwach. Bemerke jeden Gedanken, der durch deinen Kopf huscht,

---
* Meditationsübungen, s. Buch: »Steine, Bäume, Menschenträume«

registriere jedes Bild, welches in dir erscheint, ergreife jeden Ton, den du hörst, behalte jeden Duft, den du riechst, sammle alle Empfindungen, die dich berühren! Nach einer halben bis einer Stunde kommst du langsam wieder mit tiefen ruhigen Atemzügen ins Tagesbewusstsein zurück.

3. Methode
Stell die Karte, die dein Herz berührt, gut sichtbar in deiner Nähe auf. Erlaube ihr, dich über eine Woche jeden Tag zu begleiten. Schreibe auf, welche Besonderheiten in deinem Leben nun geschehen. Auf Träume ist besonderes Augenmerk zu richten. Lege dir ein Traumtagebuch an. Du kannst so alle Chakren individuell durchleben und später die Erlebnisse noch einmal nachlesen.

4. Methode
Diese Übung ist eine kleine Orakelanleitung: Lege die Karten mit dem Bild nach unten, mische sie und stelle jetzt deine Frage.
  1. Beispiel: Welcher Engel kann mir bei diesem meinem Problem (Problem formulieren und gedanklich oder laut aussprechen) helfen?
  2. Beispiel: Welches Chakra braucht meine Aufmerksamkeit?
  3. Beispiel: Wo, in welchem Chakra, befindet sich die Ursache meines Unwohlseins?
  4. Beispiel: Warum bin ich unglücklich? Wo, in welchem Chakra, muss ich ansetzen, um wieder glücklich zu sein?
  5. Beispiel: Welcher Engel kann mir helfen meinen Seelenpartner zu finden?

Im Ausformulieren der Fragen sind dir keine Grenzen gesetzt. Denke daran, jede Antwort ist so gut und genau wie die Fragestellung!

5. Methode
In einer ruhigen Stunde schaue die Karten einzeln an. Dazu setzt du dich in deinen Lieblingssessel oder Stuhl - an einen dir angenehmen Platz. Jetzt stellst du die Karten entweder der Reihe nach, einfach wie es dir gefällt oder nach einer Zufallsauswahl vor

dich hin. Lasse sie nun leicht und mühelos gefühlsmäßig auf dich wirken. Sei achtsam, höre und schaue mit allen Sinnen. Die Engel werden einen Weg zu Dir finden!

6. Methode
Dies ist eine gute und schöne Übung, entweder für Kinder allein, die ja oft noch einen Zugang zur Engelwelt haben, oder für Erwachsene zusammen mit Kindern oder Jugendlichen:

Ohne dieses Buch zu lesen und ohne eine Versenkungsmethode wie Entspannung oder Meditation anzuwenden, bleiben wir im natürlichen Tagesbewusstsein und schauen die Karten an. Sie wirken generell schon durch die Farben und Formen auf uns. Mit unseren Kindern zusammen können wir eine neue Reihenfolge der Engel legen, ganz nach eigenem Empfinden. Im Spiel liegt Weisheit.

7. Methode
Wir tun weiter gar nichts, als aufmerksam die Karten zuerst einzeln, dann zusammen anzuschauen und zu registrieren, welche Bilder und besonders berühren.

8. Methode
Spezielle und sehr tiefgehende Vorschläge für Chakren-Engel-Meditationen befinden sich im Kapitel am Ende dieses Buches.

9. Methode
Selbstprogrammierung (abends vor dem Einschlafen oder morgens nach dem Aufwachen):
Wir atmen zweimal tief ein und aus, dann halten wir den Atem kurz an und konzentrieren uns auf das untere Chakra und fühlen uns ganz dort ein. Nun sagen wir in Gedanken im Wurzelchakra: »*Ich suche*«, und atmen wieder ein und aus.

Dann wieder ein- und ausatmen, kurz anhalten, konzentrieren, einfühlen, gedanklich sprechen und weiter atmen. Das wiederholen wir genauso bei den anderen Chakren. Während der Konzentration im Harachakra sagen wir: »*Ich finde*«.

Im Nabelchakra sagen wir: »*Ich schöpfe*«.

Im Solarplexus sagen wir: »*Er will*«.
Im irdischen Herzchakra sagen wir: »*Sie fühlt*«.
Im mystischen Herzchakra sagen wir: »*Es glaubt*«.
Im Kehlkopfchakra sagen wir: »*Ich vereine*«.
Im Stirnchakra sagen wir: »*Ich sehe*«.
Im Scheitelchakra sagen wir: »*Ich bin*«. Die kosmische Anbindung stellen wir uns mit den Worten:»*Wir verschmelzen*« vor.

Das »Er« im Solarplexus deutet den männlichen Willen an, das »Sie« das weibliche Gefühl, das »Es« unsere Seelenregung. »Wir« deutet auf die Verschmelzung mit unserem göttlichen Selbst hin.
Das ist für Frauen und Männer gleichbedeutend.
Wie helfen uns Programmierungen, Affirmationen und Leitsätze im täglichen Leben? Sie »sprechen« zu unserem Unterbewusstsein und so können eine Idee und unsere Bilder dahinter zur Realität werden.

10. Methode

Wir betrachten die Engelkarten der Reihe nach von *Saamis* angefangen bis zum *Buddha-Engel*. Dann wird der *Übergangs-Engel* und zum Schluss der *Glücks-Engel* aufgestellt. Dabei visualisieren wir, wie jeder der Engel uns sein spezielles Geschenk reicht:
Saamis schenkt uns die Gabe der Erinnerung und bunte Lebens-Möglichkeiten.
Hara schenkt uns die Gabe der Kraft und die Kenntnis von unserem Seelenpartner.
Nassra schenkt uns die Gabe der Lebens- und Schöpfungsfreude.
Solaris schenkt uns die Gabe des Selbstbewusstseins und der Yang-Heilkraft.
Elochiel schenkt uns die Gabe der irdischen Liebe und der Yin-Heilkraft.
Elseelias schenkt uns die Gabe der spirituellen Liebe und der Demut.
Khamaji schenkt uns die Gabe der Heiterkeit, des Ausgleiches.
Hiroel schenkt uns die Gabe der Erkenntnisfähigkeit und der Hellsichtigkeit.

Isael schenkt uns die Gabe der absichtslosen Stille und der Sehnsucht nach Gott.
Der *Buddha*-Engel schenkt uns die Gabe des Friedens und die transzendente Farbigkeit des Seins.
Hedul schenkt uns die Gabe des Vertrauens und Loslassens.
Nasita schenkt uns den Schatz der Mitte und Glück.
Diese Geschenke nehmen wir achtsam und dankbar entgegen.

11. Methode

Wir trinken die besondere Energie der Engel. Dazu legen wir die Karte des Engels, dessen Kraft wir gerade benötigen, vor uns hin und stellen ein Glas mit frischem Wasser darauf.

Vielerorts eignet sich dafür normales Leitungswasser, aber auch ein stilles Mineralwasser kann verwendet werden.

Wir lassen das Glas ca. 15 Minuten bis eine ganze Stunde auf der Karte stehen. Die Kraft und zarte Schwingung des Engels manifestiert sich während dieser Zeit in den Wassermolekülen*. Wenn wir es trinken, können sie in uns wirken und unterstützend helfen.

12. Methode

Wir legen den speziellen Stein, der dem bestimmten Chakra-Engel zugeordnet ist, auf das dazu gehörende Chakra. Oder wir nehmen den Stein des jeweiligen Engels in die linke Hand. Nun atmen wir entspannt gleichmäßig ein und aus.

Jeder Stein strahlt seine spezielle Schwingung aus. Wir fühlen uns ein, dabei konzentrieren wir unsere Aufmerksamkeit auf den Stein und beobachten, wie er mit dem Chakra Energie austauscht. Der Stein reinigt und klärt.

Einige Zuordnungen
Wurzelchakra – Eisenerz/Tigereisen
Harachakra – Hämatit/Obsidian
Nabelchakra – Flusskristall/Labradorit
Solarplexus – Feuerstein/Topas/Feueropal
Irdisches Herzchakra – Kalksandstein mit Fossilien/Mondstein/Opal/Rosenquarz

---

* siehe Forschungen des Japaners Masaru Emoto

Mystisches Herzchakra – Kreide/Kunzit/weißer Labradorit
Kehlkopfchakra – Feldspat/Larimar/Chalcedon
Stirnchakra – natürlicher Lochkieselstein/Lapislazuli/Aquamarin
Scheitelchakra – Bergkristall/Sonnenstein, arabischer Zirkon
Kosmische Anbindung – Perlmutt/blauer Saphir/Diamant
Übergangs-Engel – Meteorit/Pyrit/Sternrubin
Glücks-Engel – Kiesel mit der Maserung eines X oder Sternes/ Sternsaphir, Smaragd

Es können selbstverständlich auch Versuche mit anderen Steinzuordnungen gemacht werden. Ein kreativer Umgang ist erwünscht und oftmals helfen uns die Engel intuitiv, zum passenden Stein zu greifen.

13. Methode
Farbmeditation zu den Chakren-Engeln:
Wir visualisieren die speziellen Farben in den jeweiligen Chakren wie ein helles Licht.

Im *Wurzelchakra* – Rotbraun; im *Harachakra* – Rot
im *Nabelchakra* – Orange; im *Solarplexuschakra* – Sonnengelb
im *irdischen Herzchakra* – Grün/Rosa
im *mystischen Herzchakra* – Rosa/Pink
im *Kehlkopfchakra* – Türkis; im *Stirnchakra* – Blau
im *Scheitelchakra* – Ultraviolett und um sich kosmisch anzubinden – Gold.

14. Methode
Bei Krankheiten zuerst immer einen Arzt aufsuchen! Zur *Anregung der Selbstheilungskräfte* können wir aber die Stärke der *Chakren-Engel* zusätzlich einsetzen.

Wir stellen dazu die Engelkarte vor uns hin, dessen Heilenergie wir benötigen oder wir legen die Karte des Engels auf die Stelle unseres Körpers, der wir die Heil-Schwingung zuführen möchten.

Um den ganzen unteren Körperbereich kümmert sich *Saamis*. Zwischen Steißbein und Nabel übernimmt dann der *Haraengel*, dann ist *Nassra* zuständig usw. Bei Herzproblemen z. B. legen wir die Karte von *Elochiel* auf die Körperstelle des Herzens, bei Kopfschmerzen die Karte von *Hiroel* auf die Stirn. Den *Glücks-Engel* können wir überall einsetzen.

Wir stellen uns vor, wie ein Wärmestrahl der jeweiligen Farbe des Chakras aus der Karte vom Engel direkt in die betroffene, schmerzende Stelle unseres Körpers fließt, sich ausbreitet und ein wohliges heilendes Gefühl entsteht. Beispiel: Sind wir heiser, legen wir die Karte von *Khamaji* auf den Hals und visualisieren den Heilstrahl in der Farbe Türkis. Das ersetzt allerdings keinen Arztbesuch!

Nach etwa 10 – 15 Minuten oder wenn wir das Gefühl haben nun ist es genug, beenden wir diese Übung.

15. Methode
Kontakt zum Übergangs-Engel
Der Übergangs-Engel Hedul kommt zu uns, wenn wir sein Kartenbild gut sichtbar aufstellen, eine brennende Kerze davor stellen und intensiv an den Engel denken.

16. Methode
Spezielle Übung, den Glücks-Engel Nasita zu aktivieren
Wir legen die Karte vom Engel an einen ruhigen schönen Platz in unserer Wohnung/Haus. Formulieren wir nun sehr klar und präzise unseren Wunsch, schreiben ihn auf Papier und legen dann den Zettel auf die Karte des Engels. Er wird helfen, diesen Wunsch zu erfüllen.

Selbstverständlich können wir auch ein Foto von Mensch, Tier oder Pflanze auf das Bild vom Glücks-Engel legen. Er wird so wirken, dass die abgebildeten Wesen das bekommen, was sie für ihre Entwicklung brauchen.

Wunschzettel, Foto und Glücks-Engel werden nach der Erfüllung des Wunsches, nach Gefühl oder Eingebung wieder getrennt gelegt. Nasita ist auch der Engel der Gnade, der uns manchmal sogar unverhofft glückliche Momente schickt.

SAAMIS, ENGEL DES WURZELCHAKRAS

Auf der Basiskarte ist ein drachenähnlicher Engel mit einem regenbogenfarbenen Schlangenkörper zu sehen. Sein Name ist Saamis. Er hat keine sichtbaren Arme oder Hände. Seine körperliche Gestalt kann man als klein und zierlich bezeichnen. Der Kopf erscheint mädchenhaft lieblich und ist von einem Heiligenschein umgeben.

Der Hintergrund in Brauntönen strahlt Ruhe aus und vermittelt den Eindruck einer höhlenartigen Behausung.

Mit seinem Körper kann der Engel beliebige Formen ausdrücken, so dass hier die Möglichkeit angedeutet wird, auch durch Form, Muster oder Symbol zum Heil-Werden zu gelangen.

Die Farben des Schlangenkörpers gleichen einem Regenbogen und das Gesicht des Engels strahlt hellblau. Der indische Gott Krishna wurde oft mit hellblauer Gesichtsfarbe abgebildet um darzustellen, dass er ein heiliger König, ein Gott war. In der Mythologie wird berichtet, dass seine Inkarnation von Engelsstimmen angekündigt wurde. Auch er starb einen Opfertod wie Jesus. Zum Zeitpunkt seines Todes hing Krishna zwischen Himmel und Erde und befruchtete den Erdboden mit seinem Blut. Sein

Opfertod trug – wie auch über Jesus erzählt wird – die Erlösung in die Welt. Um seine Bestimmung zu erfüllen, musste Krishna mehrere Inkarnationen durchlaufen. Kann das bei uns einfachen Menschen vielleicht auch so sein?

Können wir spüren, wie das Bild auf dieser Karte tief in uns etwas berührt und zum Klingen bringt?

Achten wir besonders auf die Farben des Schlangenkörpers des Wurzelchakra-Engels. Sie sind ein Symbol für verschiedene Seinsformen, Bewusstseinsstufen, Inkarnationen, Kräfte, Erkenntnisse und Zeitabläufe, die im Wurzelchakra gewissermaßen als Ausdrucksformen im Verborgen schlummern und angelegt sind.

In diesem Chakra wird die Unterwelt des Bewusstseins, das Urchaos der latent vorhandenen, ungeordneten Gelegenheiten erkennbar. Alles, was uns je geschehen ist, ganz gleich zu welcher Zeit, ist hier gespeichert. Wer die Verbindung mit seinen Ahnen erspüren und erforschen möchte, der wende sich an Saamis.

Der Engel des Wurzelchakras macht uns mit den unterschiedlichsten Bewusstseinsebenen und ihren vielfältigen Ausdrucksmöglichkeiten bekannt. Schicht um Schicht dürfen wir erkennen, je nachdem wie weit wir selbst bereit sind zu sehen und zu erfahren. Es regt sich eine zarte Ahnung an übernatürliche Schöpferkräfte. Glauben heißt auch, sich öffnen für eine höhere Schwingung.

Über die Archetypen des All-Bewusstseins finden wir zu unseren eigenen Wurzeln. Wenn wir es wünschen, hilft Saamis dabei, uns an alte Erinnerungen, seien es Vorleben oder Verwandtschaftsbeziehungen und –verwicklungen, seien es scheinbar vergessene Kindheitserlebnisse und verschüttete Lebensmuster, anzukoppeln. Oft werden auch karmische Verbindungen durch diese Aufmerksamkeit transparent.

Wir sollten genau hinhören! Der Mensch kann hier einen Eindruck von seiner Lebensaufgabe bekommen.

In einer anderen Schicht des Wurzelchakras werden alle Farben deutlich sichtbar und schließlich vorsortiert. Die Farben stehen als Analogie für die unendlichen Möglichkeiten des Lebens und des

Bewusstseins. Allerdings sehen wir mit Saamis Hilfe auch unsere vielen farbigen Masken und Rollen im Leben. Dazu kommen die unterschiedlichsten Vermeidungsstrategien. Wir blicken dem eigenen Schatten ins Gesicht. Aber kein Schatten ist sichtbar ohne Licht!

In diesem Chakra liegt im erdigen, höhlenartigen Bereich die ganze Bandbreite des Farbspektrums als Vorbote der Verheißung des Himmlischen, als Lichtversprechen im Dunkel des Nichtwissens, als Erleuchtung im Irrgarten der Gefühle. Nur wer das Dunkel kennt und achtet, kann ernsthaft zum Licht streben!

Die Farben des Regenbogens, die vom warmen roten Bereich in den kalten blauen Bereich übergehen, sind die Stufen der Himmelsleiter. Jede Nuance des Farbspektrums stellt eine Stufe der Erkenntnisleiter im Leben jedes Menschen dar.

Im Wurzelchakra sind zwar schon alle Farbtöne vorhanden, allerdings nur als Möglichkeiten. Hier, in der braunroten Höhle, herrscht »Saamis«, der Engel der schützenden Dunkelheit, in der jede Erkenntnis, jedes Erfordernis und jede Lebensvariante wachsen kann. Saamis hilft dabei, Licht in das Dunkel zu bringen und zu erfahren, dass Dunkelheit im Grunde gar nicht negativ, sondern die Ergänzung zum Licht ist. Der Weg auf der Leiter ist ein Pfad vom Dunklen, Unerkannten und Unbewussten zum Licht, zu Erkenntnis und Bewusstsein.

Der Pflanzenkeim bekommt im lichtlosen Schoß der Erde den Schutz, den er zur Weiterentwicklung benötigt. Jeder Menschenkeim wächst im beruhigenden Dunkel des Mutterleibes.

Das helle Gelb im Körper des Engels versinnbildlicht das Licht der Sonne. Jeder Regentropfen, aufgeladen mit Sonnenschwingung, bringt Licht in den Erdboden. Über den Regenwolken scheint tagsüber immer die Sonne und strahlt ihre Lichtinformation in das Wasser der Wolken ab. So kann jedes noch so kleine, auf den ersten Blick unbedeutende Tröpfchen Wasser unglaublich nährend für die Saat im Erdboden sein.

Sämtliche Farben des Schlangenkörpers spiegeln die verschiedenen Stationen und Nuancen des Lebens wider, aber ebenso auch das unterschiedliche Entfaltungspotenzial des Menschen. Wir haben immer die Wahl – zwischen der braunroten Höhle, dem Heiligenschein des Engels und den Regenbogenfarben.

Farben und ihre Wirkung auf den Menschen wurden schon früh erforscht. Dabei konnte immer wieder festgestellt werden, dass es möglich ist, Gefühle mit farbigem Licht zu beeinflussen. Diese Erkenntnis macht sich die Lichttherapie zu Nutze. Heute wissen wir, dass gerade bei depressiven Menschen eine Lichtbestrahlung Wunder wirken kann.

In der Uniklinik München gibt es eine so genannte »Lichtambulanz«. Die Forschung hat hier ergeben, dass ein spezielles Leuchtverfahren zur Diagnostik (z.B. leuchten kranke Zellen unter violetten Licht ziegelrot auf) und zur Therapie geeignet ist.

Wie uns Farben im Alltag beeinflussen sieht man an den Farben der Kleidung, die je nach Tagesverfassung gewählt wird. Spannend ist es, manchmal eine Farbmeditation zu machen. Jeden Tag wählen wir eine andere Farbe für die Meditation oder die Kleidung.

Farbmeditation

Für die etwa halbstündige Meditation fühlen wir uns in die Stille ein, wie im letzten Kapitel »Meditations-Anregungen zu den Chakren-Engeln« beschrieben. Dann visualisieren wir eine bestimmte Farbe vor unseren geschlossenen Augen. Wir können die Farbe nach Gefühl wählen oder nach Plan: Montag: *Rot*; Dienstag: *Orange*; Mittwoch: *Gelb*; Donnerstag: *Grün* oder *Rosa*; Freitag: *Türkis*; Samstag: *Blau*; Sonntag: *Ultraviolett*.

Warum hat *Saamis* keine erkennbaren Arme und Hände? Das kann bedeuten, dass er nicht selbst Form erschaffen möchte. Er verwaltet, schützt, heilt mit Gedankenkraft und ist behilflich, wenn wir aus not-wendigen Gründen in unser Unbewusstes vordringen wollen. Im Unterbewusstsein schläft versteckt das Wissen um das wilde Urfeuer des Lebens. Seine Entdeckung ist mit Gefahren verbunden! An dieses Wissen gelangt glücklicherweise nur der, der zielgerichtet danach sucht und bereits einen höher entwickelten Bewusstseinszustand hat. Der Wurzelchakra-Engel hütet dieses schlängelnde, wilde Urfeuer gewissenhaft. *Saamis'* Reich ist die Geburtshöhle für die Idee, sich aus den Fesseln der Materie lösen zu können und einen Einblick in höhere Bewusstseinszustände zu erhalten.

Das Wurzelchakra wird als dunkles, noch nicht offenbartes Energiezentrum bezeichnet. Blockaden in diesem Energieuniversum können sich schmerzhaft bemerkbar machen durch Wirbelverschiebungen im unteren Rücken. Auch Traurigkeit bis hin zur Depression findet hier ihren Anfang sowie eine ständig zunehmende Lebensunlust, die sich bis zum Suizid steigern kann. Die Lebensunlust entsteht oft aus dem Unvermögen, seinem Leben eine sinnvolle Ordnung zu geben, sprich sein Leben auf »die Reihe« zu bringen. Auch Ängste, mangelndes Urvertrauen, Rücksichtslosigkeit, diffuse Schuldgefühle, Rachsucht und Habgier haben hier ihre Wurzeln, weiters Schmerzen in den Beinen, Knieprobleme und Schmerzen im Steißbeinbereich.

Ein gestörter Energiefluss im Wurzelchakra kann als eine Grenzenlosigkeit in den unteren Welten wahrgenommen werden, in die der Geist bei mangelnder Disziplin fallen kann. Diese macht sich manchmal in groben, verletzenden, lieblosen, wilden oder krankhaften Handlungen bemerkbar. Das bringt viel Kummer für alle mit sich, sowohl für die Täter als auch für die Opfer.

Denn was ist eine Blockade anderes, als aus dem Gleichgewicht geratenes un-heil-iges Leben?

Jeder möge sich selbst in die verschiedenen Feinheiten der Chakra-Energie einfühlen und bei einer Blockade oder zum Heil-Werden den Engel Saamis bitten, ihm behilflich zu sein, die Probleme zu erkennen und dann zu lösen.

Der Wurzelchakra-Engel ist ein freundliches, hilfsbereites, allerdings sehr tiefgründiges Wesen. Es erlaubt schnell einen oberflächlichen Kontakt. Dann gibt es einen scheinbaren Stillstand. Wer hier tiefer eindringen möchte, braucht Geduld.

Saamis sagt: »Besuche das Innere der Wurzelhöhle und der unteren Erde und lerne.« Warum sagt er das? Nur wer das Unten kennt, hat eine sichere Basis, um in Frieden nach oben zu wachsen. Die

Basis ist der Fels, der sichere Halt, ohne diesen verlässlichen »Unterbau« würde man auf Sand/Illusionen bauen.

Der Engel *Saamis* hat seinen Kopf am Ausgang der Höhle und seine Schwanzspitze in den bodenlosen Tiefen des unteren Jenseits. Dazwischen befinden sich zahlreiche Möglichkeitszweige, das Erbgut als geistiges Potenzial der Genetik, alle Farben der Inkarnationen, der Zeiten, der Planetenkräfte und die Flämmchen der unterschiedlichen Bewusstseinsebenen.

In der Tiefe der Unterwelthöhle finden sich auch die Geburtswehen des geistigen Ringens um Erkenntnis, damit das angefüllte, noch unbewusste, in diese Inkarnation mitgebrachte Karma des Menschen gesehen werden kann. Sehnsüchte des übersteigerten Egoismus, die eklatanten Leidenschaften, die triebhaften Laster, die exzessiven Genüsse, das Gebrüll des eigenen trüben Spiegelbildes, der Morast der unerledigten, verdrängten körperlichen, seelischen und geistigen Aufgaben und andere ungesunde Eigenschaften des Menschen sind hier abgelegt.

An der Vehemenz dieser Aufzählung ist die Heftigkeit der ungezähmten Energie des Wurzelchakras zu erkennen.

Es ist also ganz gut eingerichtet, dass der Wurzelchakra-Engel zwar einen freundlichen, aber nur vorsichtigen Kontakt zulässt. Für ungeübte Personen ist ein tiefes Abtauchen in diese Höhle problematisch. Wie alles Tun im magischen, psychologischen Bereich ist hier sensibles Vorgehen unerlässlich.

Für unsere Zwecke der Resonanz und des Kennen lernens ist eine behutsame Berührung ausreichend. Der Engel *Saamis* hilft uns gerne, wenn wir ihn darum bitten. Er zeigt uns immer so viel, wie wir sehen müssen. Saamis wird um Unterstützung gebeten, um das Bewusstsein zu schärfen, wann fachkundige Hilfe bei Therapeuten zu suchen ist.

Zur Erinnerung und Ergänzung:
Wir haben erkannt, dass die Jakobsleiter mit den Boten Gottes, den Engeln ein Sinnbild ist. Der Mensch hat als Entsprechung seine Wirbelsäule mit den Energiezentren. Wir begegnen zuerst dem

Schlangenengel *Saamis*. Sein Körper erscheint uns in den Farben des Regenbogens. Diese sind das Symbol für die latent vorhandenen Eventualitäten in unserem Leben. Die verschiedenen Farben deuten die Entwicklungsstufen auf der persönlichen Bewusstseinsleiter an. Natürlich sind wir nicht ohne Hilfe, denn jedes Chakra hat einen Hüter, einen zuständigen Engel. Wir knüpfen den ersten Kontakt mit einem dieser Hüter im Wurzelchakra.

Am Anfang lernen wir, dass wir das Unten, das Unterbewusstsein erhellen sollten, wenn wir nach oben, zum Göttlichen aufsteigen möchten. Im Unterbewusstsein sind die gleichen Energien verborgen wirksam wie auch in höheren energetischen Zuständen, sie drücken sich dort nur anders aus. Wir müssen unsere Wurzeln kennen, wenn wir fliegen wollen.

In der Tiefe sind die Kräfte wild und ungezügelt. Je höher wir gelangen, desto tadelloser werden sie sich entfalten können, bis im Göttlichen alles Wilde und Sanfte grenzenlos in die kosmische Ordnung eingebettet ist.

Uns begegnen im Wurzelchakra die ungestüm durcheinander wogenden chaotischen und unbeherrschten Kräfte der Polarität: Licht und Dunkel, weiblich und männlich, gut und böse, still und laut usw. Diese Energien bedingen einander, sind eins ohne das andere nicht zu erkennen. Hier lernen wir auch, dass die Einteilung in »immer positiv« oder »immer negativ« einfach nicht funktioniert.

Dazu ein Beispiel: Wir fürchten die Finsternis, aber die Ruhe der Nacht bringt uns neue Kraft für den Tag. Im Schutz der Dunkelheit der Erde wächst die Saat. Wir lieben das Licht, aber der Tag bringt Hektik und die tägliche Arbeit verschlingt einen großen Teil unserer Kraft.

Der Abend bringt das Bedürfnis nach Ruhe und Schlaf. Niemand kann nur aktiv sein, so wie niemand nur ruhen kann. Zuviel Licht lässt die Saat verdorren. Zuviel Dunkelheit lässt die zarten Pflänzchen nicht wachsen.

Wir lernen, wie wichtig das richtige Maß und ein harmonisches Zusammenspiel der Polaritäten sind. So wird die Dunkelheit zur Ergänzung des Lichts und umgekehrt. Auf diese Weise verhält es sich auch mit allen scheinbaren Gegensätzlichkeiten.

Das erste Bindeglied zwischen dem Wurzelchakra und dem Harachakra ist die Ahnung einer ungeheuren Kraft. Diese Kraft ist kein Geheimnis: Sie heißt Liebe. Sie ordnet die Energien der Polaritäten des Wurzelchakras in kraftvolle Ströme, um als jeweils eigene Schwingung wahrgenommen werden zu können und im Leben wohltuend zu wirken. Jedes liebevolle Erkennen ist ein neuer Beginn für uns und motiviert unseren Willen!

Leitsatz:
Ich bin der aufbrechende Same der bunten Lebens-Möglichkeiten.

ENGEL DES HARACHAKRAS

Der *Hara-Engel* zeigt sich als einziger der Engel nur von seiner Rückseite (siehe Abb. Jakobsleiter). Warum?

Er wendet uns deshalb seinen Rücken zu, weil er ein individuelles Geheimnis zu hüten hat. Aber jeder Mensch mit ehrlichen Absichten kann sich einfühlen in diese Engelenergie und in dieses Chakra. Vielleicht wird dann der *Hara-Hüter-Engel* sein verborgenes Wissen mitteilen. Wer weiß?

Seine Augen folgen der in blau gemalten »Richt-Seh-Strecke« in den Himmel. Seine Aufmerksamkeit ist nicht von dieser Welt.

Auffällig ist, dass er ein Dreigestaltigkeits-Engel ist, also drei Engel in einem.

Seine linke Seite erstrahlt in leuchtendem Blau, seine rechte in feurigem Rot. Analog dazu finden wir die Farbe Rot als Symbol für die Yang-Seite und Blau als jene der Yin-Seite.

Rot wird auch als männliche feurige Kraft dem Planeten Sonne zugeordnet und Blau als die weibliche wässrige Energie dem Planeten Mond zugeschrieben.

Beim Einfühlen in den *Hara-Engel* erahnen und empfinden wir, dass sich hier in diesem Chakra die vereinten, aber chaotisch ungeordneten Kräfte des Wurzelchakras in eine erste Ordnung, in zwei mächtige polare Energieströme und einen neutralen teilen. Bildlich ist dies z.B. am Merkurstab mit den beiden sich windenden Schlangen zu sehen, die sich an der Schwanzspitze teilen.

Von den polaren Energien der Wirbelsäule ist also ein Strom als weibliche, blaue Mondkraft und der andere als männliche, rote Sonnenenergie zu entdecken.
Man denke an den »Sündenfall« von Adam und Eva. Sie wurden durch eine Schlange überredet, vom Baum der Erkenntnis zu essen, und konnten nach dem Verzehr des Apfels die Energieströme erkennen! Sie fielen in die Polarität. Ab sofort fühlten sie sich bewusst als Mann oder Frau und versuchten wieder in den Zustand der Einheit zu gelangen. Dabei kann die Vereinigung von weiblichen und männlichen Energien Freude machen und hilfreich sein.

Jede Kraft braucht ihre Gegenkraft, damit sie ihr ureigenstes Wesen entwickeln kann. Es sind in erster Linie persönliche Lernaufgaben, die über Erlebnisse zur Bewusstseinsbildung führen sollen.

Erkenntnis ist nur möglich durch die Erfahrung der reinen urmännlichen und urweiblichen Kräfte. Das kann im irdischen, menschlichen Körper am besten gelebt und gelernt werden.

Die Chakren verfügen über einen rein männlichen und einen rein weiblichen Erfahrungsbereich, männlich im Solarplexuschakra und weiblich im irdischen Herzchakra.

Die Polaritäten der zwei Schlangen, die sich um den einen Stab oder um den Baum der Erkenntnis winden, machen die Dreigestaltigkeit des *Hara-Engels* aus. An der Dreiheit sehen wir, dass es außer der Polarität immer noch eine neutrale Kraft gibt. Sie ist die starke Energie der Mitte.

Eine Blockade im Harachakra macht sich bemerkbar in einer immer falschen Partnerwahl, in übersteigerten sexuellen Fantasien, die nie ausgelebt werden wollen oder können, in unerträglichen weiblichen Unterordnungspraktiken oder erdrückendem männlichen Macho-Verhalten. Auch ständige Unruhe und Verschlossenheit konnte beobachtet werden. Dazu kann sich durch die Teilung der Energieströme in die Zweiheit eine starke Bindungsangst gesellen, die es vielen Paaren fast unmöglich macht, zueinander in die Einheit zu kommen. Beziehungs-unfähig? Das kann nur durch Erkenntnis oder durch Liebe und Hingabe aufgelöst werden. Der *Hara Engel* kann die Tür dazu einen Spalt weit öffnen.

Die Erfahrung zeigt, dass jeder Mensch einen zu ihm passenden Hara-Partner hat, der ihn durch viele Inkarnationen begleitet. Das könnte einer der Seelenpartner sein. Wenn wir mit ihm im jetzigen Leben wieder bewusst vereint sind, dann ist das eine glückvolle und erfüllte Beziehung und echte dauerhafte Partnerschaft, aufgebaut auf Achtung, Liebe und Verständnis. Aber wir können auch in anderen Beziehungen mit ihm verflochten sein. Fühlen wir uns in den *Hara-Engel* ein, und er wird uns Antworten auf unsere Fragen geben.

Der *Hara-Engel*, dessen Name jeder Suchende für sich selbst herausfinden sollte, ist der Hüter des weiblichen Sexualorgans, der Yoni, und des feinstofflichen männlichen, des Lingam. Die geistig-sexuelle Vereinigung im Hara hat nichts mit dem Wunsch nach Schöpfung zu tun, sondern dient der puren Lebens-Kraft.

Blockaden führen im geistigen Bereich zu sexuellen Verkrampfungen, die möglicherweise in verschiedenen Krankheitsbildern wie Verpilzung und Juckreiz im Genitalbereich, Frigidität, Impotenz, psychischer Verklemmtheit oder sexuellen Wahnvorstellungen enden. Genauso kann das auch durch den intimen Kontakt mit einem falschen Partner entstehen.

Beschäftigen wir uns mit dem *Hara-Engel*, können die Erkenntnisse, die wir erlangen, dazu führen, unser Leben und unsere Kontakte neu zu überdenken. Wie viel Männlichkeit oder Weiblichkeit braucht jeder Mensch zur harmonischen Ergänzung? Wir sehen die Wichtigkeit der ausbalancierten Polarität!

Das Ziel sollte ein ausgewogenes Verhältnis zwischen der weiblichen und männlichen Energie sein. Entscheidend für die eigene

Erfahrung ist es aber, zuerst beide Kräfte kennen zu lernen. Die Reise in den weiblichen Raum wird zu einer Entdeckung voller Wunder (wunder-voll). Wenn wir aufbrechen und den männlichen Raum suchen und finden, dann erleben wir spannende Abenteuer. Beide Räume befinden sich in jedem von uns!

Das Harachakra ist das Zentrum des persönlichen Friedens, der Ruhe und der daraus resultierenden Kraft. Wer im Frieden mit sich selbst lebt und so Frieden in alle zwischenmenschlichen Beziehungen tragen kann, strahlt Frieden in das nähere Umfeld und so auch in die Länder der Welt. Wer mit sich selbst im Reinen ist, braucht als Ausdrucksmittel keinen Streit und keinen Krieg. Nur wenn die Kräfte der eigenen Persönlichkeit im Ungleichgewicht sind, gibt es Unruhe. So wird es notwendig, an sich selbst zu arbeiten, um wie ein kleiner Stern die eigene Ausgeglichenheit und Harmonie auch im Alltagsleben auszustrahlen.

Zur Erinnerung und Ergänzung:
Mit dem Hara-Engel erleben wir die rein weiblichen und rein männlichen Energieströme in aller Intensität mit allen Vor- und Nachteilen. Daraus erwächst das Wissen, wie wichtig ein harmonisches Gleichgewicht im Leben ist. Das bringt uns die Gelassenheit, mit extremen Situationen besser umzugehen und zeigt uns im Harachakra eine gleichmäßig starke Kraftquelle.

Wir bekommen ebenso die Erkenntnis von einer neutralen Kraft. Könnte diese neutrale Energieform das göttliche Feuer sein? Oder die beherrschte Schlangenkraft? Die Inder nennen sie Kundalini. Mit der Schlange spielen wir nicht, wir lassen sie schlafen.

Es braucht eine besondere Schulung sich mit diesen Emanationen zu beschäftigen. Wir respektieren das Geheimnis des Hara-Engels.

Leitsatz:
Ich bin das sichtbar gemachte Schöpfungs-Geheimnis Gottes.

NASSRA, ENGEL DES NABELCHAKRAS

Auf den ersten Blick sehen wir eine liebliche und gleichzeitig mächtige Engelsgestalt. Auf dem Kopf, Sitz des Verstandes, trägt sie die Sonne, das Symbol der Yang-Kraft und auf der Brust, in Höhe des Herzens, glänzt eine Halskette mit dem Mond als Entsprechung zur Yin-Kraft. Der Name des Engels ist »*Nassra*«.

Die reinen Farben der Polarität haben sich hier schon etwas vermischt. Es ist ferner schon mehr Gelb, die Farbe des Bewusstseins, zu sehen und viel Orange, die Farbe, die dem Nabelchakra zugeordnet wurde. Orange ist die Farbe der erwachten und erlebten Sexualität und Lebensfreude.

Das Engelkleid zeigt die harmonische Abstufung der polaren Farben, die sich wie beschwingte Töne aneinanderreihen und manchmal durchdringen wie ein mehrstimmig gesungener Kanon.

An seinen Ärmelsäumen glitzern Sternchen. Sie zeigen seine zarte Verbundenheit zum Kosmos.

Der Nabelchakra-Engel ist zuständig für die wässrigen Organe Blase und Niere und die oben liegenden Sexualorgane wie Eierstöcke und Gebärmutter bei der Frau sowie Samenstränge und Prostata beim Mann. Dieses Chakra ist der Energiestrudel der ausgelebten körperlichen Sexualität mit dem Ziel, Leben zu erschaffen. Nassra ist ein Natur-Schöpfungs-Engel.

Naturgemäß prallen hier die männlichen und weiblichen Anziehungskräfte aufeinander. Des Weiteren ziehen sich der weibliche Magnetismus und die männliche Elektrizität an- und ineinander, eine Befruchtung kann stattfinden. Das ist der Schlüssel zur Schöpfung und zur Entstehung der Formen.

Wenn die starken polaren Kräfte aufeinander treffen, entzündet sich das pulsierende Feuer der Ekstase und das Gefühl der Einheit entsteht. Das währt nie lange genug, denn in der Zellteilung des befruchteten weiblichen Eies liegt schon die Botschaft des wieder Getrenntseins. Auf jede innige sexuelle Verbundenheit folgt eine voneinander getrennte Ruhezeit; vergleichbar mit einer Wippe, Aktivität auf der einen Seite, Passivität auf der anderen. Nur wer in der Mitte steht, ist Machthaber von beiden Kräften.

»Bleibe in der Mitte, um das Äußere zu beherrschen«.
Lao Tse

Nassra fördert den liebevollen Sexualakt, in dem absolute Nähe empfunden wird und gleichzeitig die darauf folgende Trennung nicht als negativ empfunden wird. Nähe und Ferne, wieder zwei Polaritäten, dargestellt durch die beiden getrennten Schlangen am Stab (siehe Abb. Jakobsleiter).

Diese Zweiheit am Stab kann nur wahrgenommen werden durch die Zeit und das Bewusstsein! Die dualen Energien des Nabelchakras veranlassen im körperlichen Bereich, dass ein Kind in die Welt der Materie geboren werden kann. Auf der geistigen Ebene werden vielleicht die Zeit und die Dualität entstehen?

Nirgendwo empfinden wir die Extreme von Einigkeit und Getrenntheit so stark wie beim und nach dem geschlechtlichen Akt. Ganz wach können wir diese mächtigen, pulsierenden Ströme wahrnehmen, sollten wir das wünschen.

Wenn eine Blockade in diesem Chakra vorhanden ist, macht sich das bemerkbar durch Kinderlosigkeit, mangelnde Lebens-

und Schaffensfreude, Prostatabeschwerden, Blasenprobleme, Probleme mit den Hüften, mangelnde Potenz, Abhängigkeit, sexuelle Hörigkeit oder sexuelle Machtausübung, Triebhaftigkeit, Verpilzung, viele Frauenleiden, Lebenslügen, Süchte, Verklemmtheit, Unsicherheit, Selbstzweifel und einiges mehr.

Eine sehr positive Kraft wirkt im Nabelchakra, das so genannte »Bauchgefühl«. Damit können wir in Bruchteilen von Sekunden wichtige richtige Entscheidungen treffen. Wenn wir zusätzlich noch mit Nassra verbunden sind, wird das Bauchgefühl zur intuitiven Energie, derer wir uns stets bedienen können.

Der Nabelchakra-Engel ist außerdem ein sehr erotischer Engel, der seine Gestalt verändern kann. Auf der Karte ist er in seiner neutralen Gestalt abgebildet. Er kann aber sowohl mit verführerischen weiblichen Venuskurven als auch in einem schönen männlichen Adonis-Körper erscheinen. Das ist nicht so einzigartig, wie wir vielleicht denken, denn der griechische Meeresgott Nereus konnte auch jede Gestalt annehmen, die er haben wollte. Überhaupt waren die griechischen Götter Meister im Wechseln ihrer Formen.

Nassra versteht alle Sorgen und Probleme im sexuellen Bereich, nichts ist ihm fremd. Wir können ihm alles »rund um den Nabel« anvertrauen und ihn um Hilfe bitten, wenn wir Probleme haben. Allerdings gaukelt er uns gerne spielerisch eine allein wichtige sexuelle Welt vor, die wir erkennen sollen. Denn für Nassra ist die Sexualität das Wichtigste, er muss ja Nähe und Ferne, Wärme und Kälte, Magnetismus und Elektrizität vereinen und die Vermehrung der Menschen einleiten und fördern. So versucht er immer, wenn wir mit ihm in Kontakt treten möchten, uns sexuell durch Bilder und Gefühle zu stimulieren und zu verwirren. Er ist ein Engel, der die Illusion liebt. Unsere Aufgabe ist es, dieses Spiel als Trugbild zu erkennen, dann hört der »Spuk« auf.

Suchen wir eine zufriedene sexuelle Beziehung, bitten wir *Nassra* uns dabei zu helfen. Besonders wirkungsvoll ist dies in Verbindung mit dem irdischen Herzengel. Wünschen wir uns eine dauerhafte und spirituell geprägte Partnerschaft und Ehe,

dann erbitten wir zusätzlichen Beistand vom mystischen Herzengel. Er erhöht die Schwingung und *Nassra* sagt:
»*Ich hüte das kosmische Ei.*«

Zur Erinnerung und Ergänzung:
Nassra steht für das Kennen lernen und sinnvolle Ausleben der sexuellen Kraft. Ernst zu nehmen ist die Entstehung von neuem Leben. Ernst zu nehmen ist aber auch die Illusion in der Sexualität. Wer seinen Partner mit Freude und Liebe in der körperlichen sexuellen Beziehung umarmt und wenn darüber hinaus ein Kind gezeugt wird, sind Polaritäten im Nabelchakra harmonisch verbunden.

Eine sexuelle Illusion hat sicher schon jeder einmal kennen gelernt und sie muss hier nicht näher beschrieben werden. Es gibt noch einen rein geistig sexuellen Feuer-Weg, der aber nicht Thema dieses Buches ist. Dieser nimmt seinen Anfang auch nicht im Nabelchakra, sondern im Harachakra.

Wo sich die Polarität im achtungsvollen Gleichgewicht befindet, kann ein aufbauender Energiefluss beobachtet werden. Er bringt Dynamik in die Schöpferlust.

Wir können die Polaritäten auch außerhalb von uns selbst, nämlich im normalen Leben, in der Natur und bei unseren Mitmenschen beobachten. Öffnen wir unsere Augen für die Gegensätze der männlichen und weiblichen Energie. Wo begegnen sie uns? In Freude und Leid, Reden und Zuhören, Lachen und Weinen, Bewegung und Trägheit, Lust und Unlust, Leben und Tod? Pirschen wir uns an die vielen Möglichkeiten heran. Wo fallen uns die Spannungen zwischen den Polen auf? Und bewirken sie etwas? Sollen wir ausgleichend eingreifen oder beobachtend betrachten? Fühlen wir uns in die Polaritäten, die in uns wirksam sind, hinein und überlegen gemeinsam mit *Nassra*, ob und wie wir hier die Balance herstellen können.

Leitsatz:
Ich bin das Ei und trage einen neuen Anfang in mir. Ich erlebe die Geburt einer harmonischen Partnerschaft.

SOLARIS, ENGEL DES SOLARPLEXUSCHAKRAS

Gelb, die strahlende Sonnenfarbe herrscht beim Solarplexus-Engel vor. Sie springt durch ihre intensive Leuchtkraft ins Auge. Der Engel heißt *Solaris*. Seine große Gestalt ist im ersten Moment Angst einflößend. Er könnte ein Bruder des Erzengels Michael sein, der ein Flammenschwert führt. Die Kraft und Macht ausdrückende feurige Ausstrahlung von *Solaris* ist ähnlich jener Michaels. Dieses Chakra ist fast gänzlich von männlicher Kraft geprägt.

»*Ein jeder Engel ist schrecklich*« schreibt Rainer Maria Rilke. Durch unseren Chakren-Erkenntnisweg wissen wir, dass dem nicht so ist. Meint Rilke damit vielleicht das menschliche Empfinden bei einem ersten Kontakt zu einem feurigen Engel?

Der Solarpexus-Engel hält in seiner rechten Hand einen gelbgoldenen Stern und seinen linken Arm hat er fast drohend erhoben. Diese Armhaltung und die langen Haare verraten uns seine körperliche und geistige Stärke.

Lange Haare in Verbindung mit Kraft kennen wir aus der Literatur. In der Bibelgeschichte wird erzählt, dass Samson* durch eine weibliche List seine Haarpracht verlor und damit auch bedauerli-

---
* Buch der Richter, Kap. 13

cherweise seine körperliche Stärke und übernatürlichen Kräfte. Ein anderer Buchtext* erwähnt, dass ein besonderes Kennzeichen der Merowingerkönige ihre üppige Haartracht war und sie sich beständig weigerten diese zu schneiden, damit nicht ihre verborgenen übermenschlichen Kräfte verloren gingen.

Bei krankhaftem Haarausfall sollten wir hellhörig werden und dementsprechend reagieren.

Solaris ist ein doppelflügeliger Engel, was auch seine besondere Stellung in der Hierarchie der Chakren-Engel ahnen lässt. Der Stern, den er vor seine Brust hält, ist ein Symbol der lebendigen strahlenden Sonne, des kosmischen Herzens. *Solaris* ist direkt verbunden mit dem Sonnenlogos.

Feuer ist eine der Brücken vom irdischen zum astralen Bereich, von dort zur mentalen Ebene und weiter in die höheren Welten. Feuer ist auch ein Symbol für ein sehr waches, verfeinertes Selbstbewusstsein. *Solaris* ist natürlich selbstbewusst, doch wie erlangen wir diese Eigenschaft?

Wenn das menschliche unerwachte Selbst im Solarplexus-Sonnenfeuer badet, dann kann unser Sein geläutert werden und Selbsterfahrung und Selbstachtung aufleuchten. Wir werden würdig, von Solaris zur Himmelstür geführt zu werden. Sie öffnet sich und dann erblicken wir staunend, was tief – sehr tief – verborgen unter der Oberfläche der irdischen Sinneswelt und der Astralwelt liegt. Das können wir jedoch nur mit gesundem starkem Selbstbewusstsein ertragen.

Um diese Erkenntnis zu verdeutlichen sehen wir im Hintergrund der Karte, ungefähr in Kopfhöhe des Engels, einen hellblau leuchtenden Eingang oder auch ein Fenster. Die Farbe hellblau und der Eingang sind die Analogien zur Himmelstür oder zum Himmelsfenster. Durch dieses Chakra können wir erstmals in den Himmel blicken, können die Sonne hinter der Sonne sehen. Sie strahlt selbst in der Dunkelheit.

Manchmal wird sie auch Ursonne, Geistessonne oder Haus der Sonne genannt. Warum? Die uns bekannte Sonne hat noch andere Ausdrucksformen im kosmischen und geistigen Bereich. Sie zeigt symbolisch den Ursprung der menschlichen Seele im gött-

---
* Rennes-le-Chateau

lichen Feuer, ihre Verführung in der materiellen stofflichen Welt und die Aufforderung der Sonnenwesen an die Engel, die Seelen wieder zu ihrer ursprünglichen Bestimmung zurückzuführen.

Vom Haus der Sonne strömt gewaltige Kraft aus. Vorsicht ist geboten! Nehme sich jeder die Zeit, behutsam in das Chakra hineinzufühlen. Wir erfahren, dass die ungewöhnliche Sonnenenergie uns Menschen die Kraft der Erkenntnis gibt, unser Selbstbewusstsein auf körperlichem, aber auch auf seelischem Gebiet zu stärken. Unsere Zellen und sogar unsere Moleküle können wir wissentlich mit dem besonderen Licht der Sonne aufladen. Das bringt uns neuen Schwung, Schönheit und Gesundheit.

Wenn wir die Konzentration auf das Sonnen-Chakra lenken, können wir körperlich fühlen, wie *Solaris* aus unserer Mitte heraus strahlt. Das schenkt uns ein vitales, angenehmes Selbstwertgefühl. Besonders für Frauen kann es eine große Bereicherung sein, wenn sie sich auf den männlichen Anteil ihrer eigenen Seele einlassen. Sie werden sich aller persönlichen Yang-Bereiche bewusst.

Der Gesamt-Lebensantrieb kommt aus der Ur-Sonne, dem aktiven männlichen Prinzip.

Die Haltung von *Solaris* flößt Respekt ein. Wenn wir ihn kennen lernen, werden wir nur seine verhaltene Kraft fühlen, denn seine volle Stärke könnten wir nicht ertragen. In seiner Nähe würden wir vermutlich verbrennen. Der aktive Kern der Sonne ist auch die aktive Mitte des Engels *Solaris*. Haben wir erst seine Kraft erspürt, beginnt in unserem Solarplexus ein neues Selbstverständnis wie ein neues Sonnensystem zu erwachen, weil das Potenzial dieser belebenden Feuerenergie auch in uns vorhanden ist.

Solaris taucht aus dem Nichts auf und schwebt nach oben. Er hat wenig Verbindung zur Erde. Seine stolze Haltung zeugt von ungewöhnlicher Energiefülle. Es herrschen die männlichen, die dynamischen Yang-Kräfte im Solarplexus vor. Wir finden im Sonnengeflecht-Chakra die starken ICH-Kräfte. Das »*ICH WILL*« und das »*ICH BIN*«. Auf seinem Erkenntnisweg durch die Chakren macht ein Mensch auch immer eine Phase des Egoismus durch, um sein ICH zu spüren. Schade nur, dass so viele in diesem Entwicklungsstadium stecken bleiben. Es ist nur ein Schatz von vielen, den wir finden und bergen sollen.

Lassen wir uns gefühlsmäßig auf das Bild des Engels ein und schalten zunächst das Denken aus. Nun wird das Bild zu seinem Betrachter »sprechen«. Es werden bestimmte Empfindungen auftauchen. Bilder können erscheinen, Gefühle können sich in der Magengegend bemerkbar machen. Nehmen wir uns die Muße und lassen es geschehen.

Warum hat das Solarplexuschakra, das auch Sonnengeflecht genannt wird, Verbindung zur Sonne? Es befindet sich ungefähr in der Mitte des menschlichen Körpers und der mächtige, leuchtende Planet Sonne ist der Mittelpunkt unseres Sonnensystems. Wie im Kleinen so im Großen. In der Naturbeobachtung erschließt sich uns viel Weisheit.

Solaris, der Sonnengeflecht-Engel, hat, wie die Sonne, enorme Energiereserven zur Verfügung und verteilt sie großzügig in alle anderen Chakren. Manchmal können wir einen Energieschub dadurch bemerken, dass der Solarplexus heftig pulsiert. Wenn die Sonnenenergie einströmt, flattert das Chakra wie eine Trommel in Aktion. Oder wir bemerken ein Kribbeln, wie von einem schwachen elektrischen Strom.

Genauso besteht eine Rückwirkung und die Energie kann wieder herausströmen. Ein Zuviel an Energie in diesem Bereich ist ungesund, macht nervös, unruhig, egoistisch und hyperaktiv. Eine Resonanz mit dem Engel, den wir bitten, die überschüssige Energie wieder an sich zu nehmen, bringt die richtige Balance. Heiler können die nicht selbst benötigte Energie nutzen, indem sie diese zur Aktivierung der Selbstheilungskräfte ihrer Patienten einsetzen.

Der Engel strahlt pure Lebensfreude aus. Auch hier begegnen wir der Polarität: Ohne Sonne wäre Leben und Freude nicht möglich. Zu viel Sonne aber zerstört beides.

Das männliche Feuer kann wärmen oder zerstören. Im Solarplexus-Chakra ist große elementare Macht verborgen und es ist not–wendig, hier das richtige Maß zu suchen und zu finden! Die Grenzen zwischen Wärmen und Verbrennen sind auszuloten und wir lernen, die Sonnenkraft vernünftig einzusetzen. In früheren Kulturen wurde ein König oft mit der Darstellung der Sonne in Zusammenhang gebracht und zum Gott-König oder Sonnen-König erklärt.

Mit *Solaris* als Hüter des Solarplexuschakra kann der Mensch in die Nähe des reinen Logos gelangen, denn die Sonne wurde in alten Zeiten oft als Symbol für das höhere Bewusstsein benutzt. Der Mensch wird einen neuen Selbst-Wert erlangen und von innen heraus sonnig-feurig strahlen. Er wird zum König seines Lebens.

Da *Solaris* zusätzlich noch der Hüter und Überbringer des vitalen Lebensfeuers ist, können wir ihm alle Probleme und Sorgen anvertrauen, die das vielfältige Leben betreffen. Im Feuer werden alle unerwünschten Eigenschaften verbrannt, transformiert und verwandelt.

Im geistigen Bereich beflügelt *Solaris* die sonnige Feuerkraft der inneren Aktivität. Sie führt uns zur lebendigen Spiritualität.

Der Engel zeigt uns den Weg, die männlichen, feurigen Kräfte in die richtigen Bahnen zu leiten, unser ICH kennen zu lernen und sinnvoll zu lenken. Das macht den bewusst lebenden Menschen aus, der mit seinem Solarplexuschakra vertraut ist und es im Gleichgewicht hält. Das Finden des eigenen ICH bringt uns ein Stückchen weiter auf unserem Lebensweg. Ich denke, also bin ich!

Heute wird die Sonnenkraft auch gelegentlich mit den Verstandeskräften gleichgesetzt. *Solaris* hilft, dass die weibliche, wässrige, gefühlsbetonte Energie, die immer als Gegenpol zur männlichen Feuerenergie angesehen wird, nicht vergessen wird. Beide bedingen einander, denn im Solarplexus wird auch das Bedürfnis zum harmonischen Miteinander gelegt.

Solaris verkörpert auf irdischer Ebene die Vaterfigur. Das Verständnis für männlich orientierte Handlungsweisen wird geweckt. Geschätzt wird der väterliche Schutz. So kann das Eintauchen in dieses Chakra Verständnis - oder wenn nötigt - eine Aussöhnung mit dem real oder geistig vorhandenen Vater herbei geführt werden. Einfühlungsvermögen in männliches Handeln, Durchschauen und Verzeihen väterlicher Erziehungsfehler, Erkennen von männlichen Ängsten oder Gewohnheiten stellt sich ein. Väterliche Gleichgültigkeit oder Schwächen werden transparent. Aber auch den Yang-Schutz, männliche Weisheit, Unterstützung, Beständigkeit, Sorge und väterliche Liebe spüren wir bewusster. Durch neues Verständnis gelingt uns Aussöhnung und Verzeihen, es sind die Gaben, die uns Solaris ins Herz legt.

Auf der geistigen Ebene möchte uns *Solaris* hinführen zu unserem Geist-Ich. Das heißt, er wird uns helfen, zu erkennen, dass die rein körperliche Ebene nicht die einzige Wirklichkeit ist. Ein Erwachen im irdischen Körper bedeutet, den eigenen Geist-Körper wissentlich zu aktivieren. Dadurch bekommt unser Leben eine neue Dimension.

Es ist sinnvoll, aus dem unbewussten höhlenartigen Zustand zu einer hellen Sonnen-Bewusstseins-Haltung zu gelangen. Da kann die Vorstellung helfen, dass das Solarplexuschakra einer Sonnenblume ähnelt. Die Sonnenblume dreht sich mit der Sonne, um immer ihr Licht und ihre Wärme aufnehmen zu können. Solaris hilft dabei, das Chakra stets dem Licht zu öffnen, bzw. Licht auszusenden in alle anderen Chakren oder in ihre Umgebung. Das ist zusätzlich ein guter Selbstschutz und nützt auch unserem Umfeld.

Denn wenn wir etwas aussenden, kann im gleichen Moment nichts anderes eindringen. Wir werden dann selbst erkennen, dass, wenn uns Negatives begegnet und wir Verständnis und Licht ausstrahlen, uns nichts vom Negativen erreichen kann. Werden wir zu strahlenden Lichtmenschen!

Eine Blockade im Solarplexuschakra bedeutet: Übersteigertes Ego, aber auch mangelndes Selbstbewusstsein, Gier nach persönlicher Macht, Gewaltbereitschaft, Zügellosigkeit, Überheblichkeit, Arroganz, ungestümes Verhalten aller Art, Verantwortungslosigkeit, Lieblosigkeit, die Gier nach Macht der Macht wegen, Nervenerkrankungen, diffuse Magenschmerzen, Alkoholsucht,

Machoverhalten, übertriebene Strenge, hitziges Temperament, cholerische Ausbrüche, Haarausfall, innere Unruhe und Wutausbrüche; aber auch: ohne Grund launisch und unzufrieden sein, Ärgern über die »Fliege an der Wand«, Kritik austeilen, aber nicht einstecken können, Sonnenallergie, Hautprobleme, Störungen in der Bauchspeicheldrüse, Rückenschmerzen und Wirbelverschiebungen in Höhe des Solarplexus und einiges mehr. Ein seelisches Problem sucht sich über kurz oder lang eine Möglichkeit, sich im irdischen Körper zu manifestieren und so den Menschen darauf aufmerksam zu machen.

Der Kontakt mit *Solaris* macht uns deshalb auf körperlicher Ebene bewusster und klarer im Umgang mit unseren Schwächen und Kräften, mit den verschiedenen Spielarten des Lebens. Diese Spielarten sehen wir in den Aspekten der männlichen Kraft als »jugendlicher Geliebter« und »Vater«. *Solaris* als Ausdruck des männlichen Geliebten hat noch sehr viel ungebändigtes Feuer in sich. *Solaris* als Vaterfigur gibt uns schon die Einsicht, dass Feuer und Wasser zusammen wirken müssen, damit das Temperament kontrolliert werden kann. Er ist der Hüter der ruhigen Flamme des Feuers und unser Schutz vor zu heißem Kontakt mit der männlichen Energie.

Beide Kräfte, Geliebter und Vater, werden gemildert durch das Vereinen der männlichen und weiblichen Kräfte im Körperlichen wie im Seelischen. Die männliche Energiematrix sucht immer ihren Ergänzungspol, die weibliche Kraft. Das ist das Spannungsfeld des Lebens.

Geliebter *Solaris* sucht Geliebte oder Vater *Solaris* sucht Mutter. Diese weiblichen Energien finden wir in den beiden Herz-Chakren.

Solaris vereint mit *Elochiel* und *Elseelias* ist eine wunderbare Erfahrung! Diese Verschmelzung befreit das Denken aus seinem Hirngefängnis und es fliegt zum Herzen.

Das bloße Denken zusammen mit der liebevollen Regsamkeit des Herzens wird so seinen Horizont übersteigen können. Das Herzdenken verwandelt sich dann in ehrfürchtige Intuition und ist frei. Eine ganz neue Aufmerksamkeit erwacht.

Zur Erinnerung und Ergänzung:
Wir können nicht leugnen, dass der Mensch als Führer, Lenker und Herrscher der polaren Kräfte ausgeglichener wird.
Dazu müssen sie zuerst getrennt voneinander erfahren werden. Das geschieht durch Solaris in der männlichen Aktivität des Solarplexuschakras und durch die Herzensweisheit in der weiblichen Empfindsamkeit und Impulsivität des irdischen Herzchakras. Wenn die Energie der Sonne und die Kraft des Mondes in aller Klarheit durchlebt werden, können wir sie verbinden. Denn vereinen können wir nur das, was wir kennen!

Lassen wir uns ein auf die rein männliche Sonnenkraft und es entfalten sich dynamisches Selbstvertrauen und innere, spirituelle Aktivität. Begreifen wir die Kräfte »jugendlicher Geliebter« als Ausdruck der ungestümen Willenskraft und »Vater« als Symbol für Besonnenheit und Weisheit durch Lebenserfahrung.

Hier ist der Blick für ein ausgewogenes Kräfteverhältnis wichtig: Das rechte Maß finden, Feuerbewusstsein bekommen, aufmerksam sein. Wann ist zuviel Feuer da, wann herrscht Mangel? Wie gleichen wir aus? Fühlen wir uns hier vertrauensvoll ein.

Leitsatz:
Ich bin in meiner sonnigen, inneren Mitte.

ELOCHIEL, ENGEL DES IRDISCHEN HERZCHAKRAS

Ein Engel wächst aus einem rosa »Herzen-Herz« heraus. Sein Name ist *Elochiel*.

Bei diesem Bild ist es angebracht, es lange zu betrachten ohne zu denken, denn um in seine Tiefe zu gelangen, lassen wir es gefühlsmäßig in aller Ruhe auf uns wirken.

Registriere, welche Empfindungen und Bilder sich in deinem Inneren regen. Aus den Tiefen eines rosa Herzens steigt ein grün gekleideter Engel. Grün symbolisiert seine Liebe zur Natur, Rosa seine Liebe zu den Menschen. Hinter ihm ist seine Schutzaura zu sehen in Form zweier grüner Flügel, die nicht direkt mit seinem Körper verbunden sind. Denn dieser Engel ist flügellos, da er allein durch die Kraft der Liebe fliegen kann. Dieses Chakra ist fast ganz und gar durch die weibliche Kraft geprägt. Ich fühle, also bin ich!

Handelt es sich um instinktive Intuition? Es ist die irdische Liebe, die ihr Herz überwiegend an Dinge des Alltags hängt: Menschen, Gewohnheiten, Orte, Kleidung, Geld, Besitz, Materie u. v. m.

In der Hand hält der Engel ein rosa Herz zum Zeichen seiner Einheit mit der Empfindungsebene. Hier liegt aber auch die Gefahr eines übersteigerten Gefühls. Zum Beispiel, wenn Mitgefühl in Mitleid umschlägt. Damit ist niemandem gedient. So können Menschen mit einem Helfersyndrom oft keine Grenzen ziehen, überfordern sich schnell und verschleudern ihre ihnen zur Verfügung stehende Energie.

Solch ein übersteigertes Gefühl ist auch eine außer Kontrolle geratene einseitige Verliebtheit. Sie wird anstrengend für alle Beteiligten und nutzt letztendlich niemandem. *Elochiel* erhebt die irdische, festhalten wollende Liebe aus dem Alltag durch Erkenntnis von größeren Zusammenhängen. Dann fällt es leichter, vertrauensvoll loszulassen und sich dem Fluss der kosmischen Gesetzmäßigkeiten hinzugeben.

Das Kleid des Engels ist zart und transparent als Symbol für seine Weiblichkeit, Zartheit und seine geheimnisvolle Mondkraft. Der Mond als Sichel ist Sinnbild für das empfangende, bewahrende, schützende Prinzip. Der Mond als Vollmond kann wie ein Reflektor gesehen werden. Er sammelt und wirft nach gegebener Zeit wieder zurück. *Elochiel* reflektiert die Seele des Menschen, der sich ihm öffnet. Der mondische Zustand weist uns in diesem Chakra darauf hin, wie wichtig Mütterlichkeit, intuitiver Schutz, Häuslichkeit und Fürsorge sind. Mondkraft steht für Gefühl, Erlebnistiefe, emotionale Intelligenz und Fantasie.

»Seht ihr den Mond dort stehen? / Er ist nur halb zu sehen / und ist doch rund und schön. / So sind wohl manche Sachen / die wir getrost belachen, / weil unsre Augen sie nicht sehn.« schreibt Matthias Claudius. Tauchen wir ein in den Vers und legen unser Gefühl in die Hände von *Elochiel*.

Am linken Ärmel des Engels glänzt ein irisierender Edelstein. In seiner Tiefe schimmert zu bestimmten Zeiten ein tanzender Regenbogen. Er kann beim Einfühlen als Opal erkannt werden. Dieser edle Stein ist ein Helferstein zur Aktivierung des Herzensfeuers und der unkonditionierten Kreativität. Ihm wird außerdem noch zugeschrieben, dass er Herzbeschwerden bessern kann. Die Kraft seines inneren farbigen Feuers setzt zusätzliche Energie zur Erkenntnis der schimmernden weiblichen Aspekte in jedem Menschen frei. Als Edelstein der höheren Ebene könnte er der legendäre Stein der Weisen gewesen sein. Denn er wirkt sowohl heilend als auch verjüngend. Seine sieben Farbstrahlen schenken uns vielerlei Wissen. Fröhliche Unbeschwertheit und Herzlichkeit fördert der Stein besonders.

Die roten Haare von *Elochiel* zeigen sein weibliches Feuer. Dieses Naturell ist eine Allegorie zur Stimmung eines Menschen mit diesem Muster der Gemütsbewegung.

Trägt ein Mensch das weibliche Feuer ungebändigt in sich, kann diese Gemütsbewegung oft unüberlegt und ungewollt Schaden anrichten. *Elochiel* versteht, lindert und kühlt. Diesem Engel sind alle Gefühlsregungen bekannt und wir können uns ohne Schuldgefühle ihm zuwenden, egal mit welchen Sorgen wir zu ihm kommen. Er zeigt uns den Sinn unseres individuellen Erdenlebens, was gelernt und entwickelt werden soll, damit wir den Weg zurück ins Geistige, Spirituelle und Göttliche finden können.

Elochiels Temperament erinnert uns aber auch an Freude und herzliches Lachen. Negatives kann »totgelacht« werden!

Da die Karte sehr viel Rosa ausstrahlt, kann nicht immer Objektivität erwartet werden, denn es wird alles durch die gefühlsgefärbte Brille gesehen. Das setzt aber die guten Herzenseigenschaften wie Verzeihen, Liebe, Mitgefühl, Heilen, Nächstenliebe, Freundesliebe, Partnerliebe, Harmonieempfinden, Schönheitssinn, Liebe zur Natur, Humor, Gelassenheit und Verständnis für andere in Kraft. Wenn unser Herz mit diesen Schätzen angefüllt ist, kann eine wunderbare emotionale Entwicklung beginnen. Besonders für Männer kann es eine großartige Bereicherung sein, wenn sie sich auf den weiblichen Anteil ihrer eigenen Seele einlassen.

Der Engel ist sich all dessen bewusst und versucht uns durch Erlebnisse zu vermitteln, dass die Verschmelzung von männlicher und weiblicher Kraft die so dringend benötigte Ausgeglichenheit in alle Handlungen bringt.

Ein Herz ohne diese Schätze ist leer, hart und kalt, es versteinert oder verholzt. Dadurch entsteht Disharmonie in Seele und Körper und das kann schlimmstenfalls zu Krankheit führen.

Das Herz am Kopf des Chakra-Engels weist mit seiner Spitze nach oben. Das soll bedeuten, dass dieses Chakra mit kosmischer Energie gespeist wird, die bereits mit Herzenskraft und Herzensgüte angereichert ist. Wir lernen die irdische Liebe und wahre Freundschaft durch eigene Erlebnisse kennen. Großmut und Groß-Herz-igkeit werden in uns aufblühen. Wir werden Großzügigkeit weitergeben können sowie Mitgefühl bekommen durch diese Güteschwingung in der Herzenskraft.

Eine Blockade in diesem Chakra begünstigt Selbstmitleid, Depression, Besitzgier nach Liebe, Angst vor Alleinsein, Mondsüchtigkeit, Herzbeschwerden, Störungen im Blutkreislauf, Angst verlassen zu werden, Liebeskummer, Neid, Eifersucht, Planlosigkeit, Asthma, Angst auf sein Herz zu hören, Hysterie und mangelndes Selbstwertgefühl auf Grund von eingebildeter eigener körperlicher Unzulänglichkeit oder gar Hässlichkeit. Es kann zu Ess-Störungen aus mangelnder Selbstliebe kommen, weil irgendwelchen Schönheitsidealen nachgeeifert wird.

Diese Verletzungen des Herzens sollten geheilt werden. Emotionaler Schmerz kann erkannt und aufgelöst werden. Der Engel Elochiel hilft uns dabei. Er ist um Ausgleich und Gleichgewicht bemüht und zeigt uns zusammen mit dem Engel der nächsten Karte die heilende Macht der alles umfassenden Liebe.

Die irdische Liebe ist im Schutz der Engel etwas Schönes, Zartes und Erfüllendes. Zusätzlich wirkt sie wie eine Verjüngung und in einer Partnerschaft und Ehe ist sie das »Salz in der Suppe«.

Elochiel zeigt sich auf der körperlichen Ebene als Geliebte und Mutter. Wir können dadurch Toleranz für jede weiblich geprägte Handlung erlangen, sei sie auch anfangs nicht sofort verständlich. Mangelnde Mutterliebe in der Kindheit können wir verstehen lernen und dadurch verzeihen, denn die Wunden des Herzens beginnen nun zu heilen.

Geliebte sucht Geliebten: Der Engel *Elochiel* birgt in sich zusätzlich die Venuskraft, die sowohl eine männliche als auch eine weibliche Ausdrucksform wählen kann: Zärtlicher Verführer, Liebhaberin der Künste und Schönheit, kreativer Künstler, Tänzerin, Poet, usw.

Die Wohnraumgestaltung liegt ihm besonders »am Herzen«. Venus-Energie sieht gerne alles Schöne und Harmonische um sich versammelt, hat ein großes ästhetisches Empfinden und verbindet vollendet Geist und Materie. Jede Wohnung wird heimeliger, wenn die Energien von beiden Herz-Engeln in ihr wirken können.

Mutter sucht Vater: Ein anderer Ausdruck des Engels ist die mütterliche Kraft: Sie umfasst weiblich intuitiven Schutz, Wahr-Träume um frühzeitig helfen zu können, liebevolles Umsorgen, »Nest bauen«, ein gemütliches und behagliches Umfeld schaffen und erhalten, u. v. m.

Der irdische Herz-Engel verkörpert die reine Weiblichkeit und die erdgebundene Liebe. Er ist in hohem Maß gefühlsbetont. Am liebsten wäre er ständig im Zustand der Verliebtheit und der Liebe. *Elochiel* führt jeden Menschen zum Erkennen der schönen Dinge, der Freude und zur Fröhlichkeit.

Aber auch hier ist das richtige Maß wichtig. Wann ist zuviel Weichheit und Verliebtheit da, wann herrscht Mangel? Verständnis für weibliches Vorgehen sowie das Verzeihen mütterlicher Erziehungsfehler und Schwächen wird geweckt.

Erkenntnis von Ängsten und Gewohnheiten, aber auch Yin-Schutz, Weisheit, Beständigkeit, Gewissenhaftigkeit und mütterliche Liebe wird aufgebaut. Aussöhnen und verstehen können durch Liebe wird uns *Elochiel* als Gabe ins Herz legen.

Eine Verschmelzung der weiblichen Venus/Mutter-Stärke in der Person des Engels *Elochiel* mit der männlichen Mars/Vater-Stärke in der Gestalt des Engels *Solaris* wird jedes Mal bedeutungsvoll sein.

Unerlässlich ist dabei noch die Begegnung mit *Elseelias* im mystischen Herzchakra. Dieses Zusammenkommen gibt der irdischen Liebe die höhere Komponente. Wenn zwei Liebende auch ein gemeinsames spirituelles Ziel anstreben, wird die Basis für eine liebevolle, zärtliche, ästhetische und dauerhafte Beziehung aufgebaut.

Darüber hinaus helfen die Engel *Solaris* und *Elochiel* den Menschen, über ihr weiblich oder männlich geprägtes Leben hinauszusehen.

Zur Erinnerung und Ergänzung:

Solaris – »*der*« Sonne und *Elochiel* – »*die*« Mond. »*Der*« Sonne ist männlich, abgebend, im sendenden Zustand, es wird aktiv nach der Lebensaufgabe gesucht und die Selbstverantwortung wächst. »*Die*« Mond ist weiblich, aufnehmend, passiv, im empfangenden Zustand, intuitiv, die Botschaften der feinstofflichen Welten können »gehört« werden und das Selbstwertgefühl wächst.

Im Herzchakra finden wir den Zugang, über die Aufgaben des stofflich weiblichen Bereiches hinauszugelangen. Dadurch können wir zu Elochiel und den anderen Engeln ein intuitives Vertrauen aufbauen. Wir werden aus dem unbewussten Mondprinzip in eine höhere, gefühlsmäßige Bewusstseinswelt geführt. Dabei hilft vor allem *Elseelias*, der Engel des nächsten Chakras.

Leitsatz:

Ich bringe Liebe, Feinfühligkeit und Freude in meine alltäglichen Handlungen.

ELSEELIAS, ENGEL DES MYSTISCHEN HERZCHAKRAS

Er ist der einzige Chakren-Engel, der keinen Körper besitzt, den wir vollständig erblicken könnten und scheint nur aus Kopf und Flügeln zu bestehen. Er stellt sich so dar, um die völlige Auflösungsbereitschaft in einfühlender bedingungsloser Liebe zu symbolisieren. Im mystischen Herzen sind die Triebe und egoistischen Wünsche schon geläutert.

Der Engel kann mit dem Namen »*Elseelias*« gerufen werden. Er hat trotz seiner Transparenz sein eigenes Temperament, zu sehen an seinem eigensinnigen Haarwuchs.

Das unglaubliche Gefühl, von diesem Engel berührt und beschützt zu werden, ist nur unzureichend mit Worten zu beschreiben. Um es trotzdem sichtbar zu machen, wurde es symbolisch durch einen zweiten, kleineren Engel, der aus einer Rosenblüte geboren wird, dargestellt.

Das bedeutet, dass *Elseelias* allen Neugeborenen, die ja selbst wie kleine Engel sind, uneingeschränkt seine Liebe, seinen Schutz und seine Hilfe gibt. Wenn ein Baby wieder von dieser Erde geht, sprich sterben soll, dann ist dieser Engel bei ihm und die Kinderseele wird in weiche Engelsflügel gehüllt und zu seiner neuen Bestimmung geleitet. Die Seele des Neugeborenen brauchte vielleicht »nur« noch die Erfahrung der menschlichen Geburt, um seinen Zyklus zu vollenden.

Elseelias verkörpert den von Besitzgier gereinigten Aspekt der Weiblichkeit und Mütterlichkeit. Wir erleben sein vollstes Verständnis, sein grenzenloses Mitgefühl und seine ständige Bereitschaft zum Verzeihen. Diese Energie braucht den Ausgleich durch die männliche Kraft, hier in der Energie des geistigen Vaters als spiritueller Führer und Berater. Wir sind jetzt eine Stufe weiter und »höher« als im irdischen Herzchakra! So wird die Suche: »Mutter sucht Vater? Vereinigung von *Elseelias* und *Solaris*?« eine andere, höhere geistige Qualität besitzen. Die chymische Hochzeit wird vorbereitet.

Uns fällt auf, je weiter wir auf der Chakren-Engelleiter steigen, desto mehr sind die Engel auf Ausgleich und Anhebung der Kräfte vom Stofflichen in lichte spirituelle Energien bedacht.

Die Karte zeigt noch drei violette, kleinere Herzen. Eins am Kehlkopf des Engels, eins auf seiner rechten und eins auf seiner linken Seite. Sie sind als Bild der Ausdruck dafür, wie wichtig ein Zusammenfügen der drei Energien, die chymische Hochzeit, ist: Die weiblichen, die männlichen und die neutralen Kräfte. Auch im Bild der Jakobsleiter können wir noch einmal der Dreiheit, den drei Energie-Kräften begegnen. Es sind dies die Engel als Führer, die Leiter als Weg und der Mensch als Suchender und Finder.

Ebenso ist die Dreiheit auf anderer Ebene zu erkennen in der roten und blauen Schlange am gelbgoldenen Stab. Die drei Herzen bedeuten auch die drei Körper: irdischer, astraler und mentaler Körper. Erinnern wir uns, dass der *Hara-Engel* aus drei Körpern in einem besteht?

Im Kehlkopfchakra, dem nächsten Chakra der Jakobsleiter, fließen die drei Energien – weiblich, männlich und neutral – idealerweise zusammen.

Der Glanz von *Elseelias* ist unser Schutz, um in Ruhe und Geborgenheit den Schatz der feinstofflichen Welten und Wesen zu suchen und zu finden.

Elseelias' Heiligenschein drückt seinen Glauben, seine Treue und Verbundenheit zu Gott aus. Er legt die Sehnsucht nach höherer Erkenntnis, Gottvertrauen, Ausgleich der Kräfte, tiefem Glauben und Spiritualität in unser Herz. Fühlen wir uns hier behutsam einige Momente ein.

Eine Blockade im mystischen Herzen erkennen wir an unbestimmten Ängsten, nicht zuzuordnendem Kummer, Hartherzigkeit, Zweifel, ausschließliche Realitätsgläubigkeit, schlechtem Benehmen, Kritikunfähigkeit, Übermutter sein wollen, mangelndem Mitgefühl oder überquellendem Mitleid, Untreue, Gier nach Liebe, Festhalten an alten Mustern, Brustproblemen und noch einigem mehr.

Zur Erinnerung und Ergänzung:
Im mystischen Herzen entfaltet sich die Knospe des Glaubens zur Blüte der Erkenntnis.

Wir erleben spirituelle Mütterlichkeit und Liebe auf höherer Ebene. Sie fordern nichts für sich, sind frei von jeglicher Besitzgier und werden durch starken Glauben, geistige Moral und echte Spiritualität genährt und gestärkt. Mutter Teresa und Jesus waren wohl Menschen, die ganz im mystischen Herzen zu Hause waren.

Elseelias weckt in uns die Sehnsucht nach einem tieferen Sinn im Leben, und die Suche kann beginnen. Ein Sehnen durchzieht nun unser Herz nach uneigennütziger, nicht polarer Liebe. Ein Hauch göttlichen Mitgefühls und Barm-herz-igkeit umweht uns. Der Wunsch nach Verbindung mit »Allem was ist« erwacht.

Wie können wir »normalen« Menschen, die wir nicht »Jesus« oder »Theresa« sind, diese starke Liebe im Alltag leben? Können wir das überhaupt? Sicher haben wir alle schon einmal Ungerechtigkeit, ungerechtfertigte Anschuldigungen oder unglaubliche Verleumdungen aushalten müssen. Bei manchen Ungerechtigkeiten bricht uns fast das Herz. Wie gingen wir bisher damit um? Wie überleben wir das, ohne verbittert zu werden und ohne zurückzuschlagen? Überleben ist Überlieben!

Elseelias zeigt uns, wie wir alles Dunkle, mit dem wir konfrontiert werden, durch Liebe erlösen. Das heißt, wir ziehen aller Finsternis, jedem Ärger und Streit eine Schutzhülle aus Liebe über. So werden Ungerechtigkeiten, die uns widerfahren, gar nicht erst nah an uns heran kommen können. Die uneigennützige Liebe, die wir ausstrahlen, schenkt uns umfassendes Verständnis.

Nach einiger Übung lässt sie uns dann auch alles verzeihen. Springen wir über unseren Schatten und geben der großherzigen Liebe eine Chance! Gehen wir unserer Verwirklichung entgegen. Gefühl sucht Verstand. Intuition sucht Ergänzung im durchdachten, strukturierten Handeln, das Bindeglied ist universelle Liebe. Uneigennützige Liebe strahlt Funken göttlichen Lichts aus, sie ist der Motor des Lebens. Freuen wir uns auf die Hochzeit der Energien. Liebe und Weisheit reichen sich die Hand und verschmelzen.

Leitsatz:
  Meine reine Seele erwacht, versteht und liebt.

Khamaji, Engel des Kehlkopfchakras

Der Kehlkopfchakra-Engel hat zwei Köpfe, Hälse und daran anschließend jeweils eigene Arme, aber nur einen gemeinsamen Körper und ein einziges Flügelpaar! Zwei Köpfe stehen unter anderem für unsere zwei Stimmbänder, für die Luft- und Speiseröhre und für die beiden polaren Kräfte männlich und weiblich, Verstand und Gefühl, Handlungsbereitschaft und Vorsicht.

Obendrein können wir in den zwei Häuptern unschwer auf der linken Seite einen weiblichen und auf der rechten Seite den männlichen Aspekt entdecken. Das bedeutet, dass die hier ehemals getrennten Kräfte in ihren separaten Kanälen zur Verschmelzung, zur Vereinigung vorbereitet werden. Es ist eine geistige Geburt, eine alchemistische Wandlung, die chymische Hochzeit, und das ist ein gewaltiger Kraftakt!

Eine körperliche Geburt entsteht aus zwei Kräften, die sich vereinen, um eine dritte Kraft zu erzeugen. Eine kosmische Hochzeit, der eine geistige Geburt folgt, vereint zwei Kräfte mit einer dritten und zeugt und offenbart das Einssein.

Auch die Kräfte der Erde und der kosmische Fluss wollen gebündelt und vereint werden. In dieser Transformation wird der Lichtkörper des Menschen geformt.
Dabei hilft der Kehlkopf-Engel, er wird »*Khamaji*« genannt.
In der Form der Flügel sehen wir einen Durchlass wie einen Tunneleingang. Und in der innigen Umarmung des doppelköpfigen Engels entsteht ein trichterförmiger Schlund. Über diesem sich nach unten hin verjüngenden Trichter schwebt oben über dem offenen Ende eine liegenden Acht, die als Unendlichkeitszeichen bekannt ist. Die chymische Hochzeit wird im Leben und in der Transzendenz geschlossen!

Dieses Zeichen der Acht ist die Analogie zur nicht mehr ausdrückbaren Unendlichkeit und Weite der vereinigten schöpferischen Energien.
Dies heißt, dass die Dualität der Kräfte verschmolzen wird, nun die bewusste Spiritualität entsteht und uns einen neuen wissenden Zugang zur Unsterblichkeit öffnet.
Unsere Sichtweise hat den Nützlichkeitsgedanken verloren. Wir können ohne Schuldgefühle in den Tag hinein träumen, ausruhen, das Leben fließen lassen und zwar ohne einen erkennbaren Sinn oder Nutzen. »Gelassenheit« wird unser Zauberwort.
Die vorherrschende Farbe ist Türkis. Diese Farbgebung ist das Sinnbild für die Gnade der Verwandlung. Ein Mensch, der bereit ist seine weiblichen und männlichen Kräfte in einer bedingungslosen Kraftanstrengung zu vermählen, erwirbt dadurch eine andere Sichtweise für »Alles, was ist«. Er kann und wird sich und sein Leben verändern, verwandeln. Alles bekommt eine andere Wichtigkeit und Wertigkeit. Ein gänzlich anderes Bewusstsein für die göttliche Schwingung im Dasein wird geboren.

Diese Anstrengung ist durch den Schlund dargestellt, der unten sehr eng ist und sich nach oben hin stark weitet. Die Kräfte müssen durch den engen Geburtskanal, um in ihre Freiheit zu gelangen. Genauso geht ein Mensch körperlich und geistig durch einen Geburtskanal. Körperlich gesehen kommt er ins irdische Leben und geht durch die Welt der Formen und der Materie. Geistig gesehen erlangt er ein strahlendes Bewusstsein und bekommt alle Gaben der Chakren-Engel bis zum Kehlkopf auf dem Weg der Jakobsleiter. Heil-Werden und Ganz-Sein, Zufriedenheit, Ausgeglichenheit und Weisheit werden ihm ein Geschenk sein.

Da der Trichter des Kehlkopf-Engels nach unten hin so eng ist, kann es sein, dass die Vereinigung der polaren Kräfte nicht so schnell vonstatten geht und sich in der Übergangszeit die Gefühle stauen und noch nicht ausgesprochen oder gelebt werden können. Es gibt Menschen, die bleiben sehr lange in diesem Zustand und wirken häufig bedrückt. Oft ist ihnen gar nicht klar, warum sie unglücklich sind. Sie flüchten entweder in den Verstandesraum und bemerken sehr klar, dass gefühlsmäßig nichts im Fluss ist, können aber darüber sprechen, oder sie leben im Gefühlschaos und können nicht darüber reden.

Wie bereits gesagt, erfordert es eine riesige Kraft- und Willensanstrengung, diese »Hochzeit« der polaren Energien zu vollbringen. Und nicht jeder Mensch hat den Wunsch, die Kraft oder die Bestimmung dazu. Evolutionsmäßig wird es aber in fernen Zeiten bei den meisten Menschen auf jeden Fall dazu kommen, denn die kollektive Weiterentwicklung nimmt ihren Lauf. Es mag zwar in unseren Augen ein Schneckenlauf sein, aber immerhin...

Wenn ein Mensch jedoch den Wunsch aus den Tiefen des Wurzelchakras in sich spürt, Freude am Kennen lernen des Hara-Engels in ihm lebt, Erkennen der Wichtigkeit seiner Vereinigung mit dem Nabelchakra in ihm glüht, das Feuer des Solarplexus in ihm brennt, die Gefühle der Herzen in ihm vibrieren, die Sehnsucht nach der chymischen Hochzeit ihn verzehrt, die Schicksalsbestimmung es zulässt und wenn er sich dann noch zusätzlich bescheiden an den Engel *Khamaji* wendet, bekommt er alle Unterstützung von ihm.

Schon Leonardo da Vinci wusste, wie wichtig das Gleichgewicht zwischen Weiblich/Yin und Männlich/Yang ist. Er war überzeugt davon, dass die Seele eines Menschen nur Erleuchtung erlangt, durch die Balance der Yin- und Yang-Anteile.

Eine Blockade in diesem Chakra macht sich bemerkbar durch exzellenten Intellekt, aber ohne echte Gefühle, oder durch ein wirres Gefühlsleben ohne Sinn und Verstand. Bei einem Energiestau in diesem Chakra ist auch ein ganz kühles, gleichgültiges Verhalten möglich und äußert sich durch Gefühlskälte, Redefaulheit, Wortfindungsschwierigkeiten und überhebliche Verschlossenheit. Des Weiteren können Gefühle nicht in Worte gekleidet werden und sich nicht äußern, es sei denn, sie werden durch die Kontrolle des Verstandes geschleust.

Symptome für eine Blockade sind Traurigkeit, Betrübtheit, Platzangst, Sturheit, Arroganz, missmutiges Schweigen, Halsschmerzen, Schilddrüsenprobleme, Nackenverspannungen, Atemnot, Mandelentzündung, Kehlkopferkrankungen, »Frosch« oder »Kloß« im Hals, angeschlagene Stimmbänder, häufiges Zahnfleischbluten, Schwatzsucht, Verlogenheit, Süchte, Handeln gegen Gefühle, unterdrückte Wut und einiges mehr.

Idealerweise wird die Herzenergie mit der Verstandesenergie kommunizieren. So kann dann der Mensch mit seinem »Herz im Kopf« Begebenheiten, die er auf der Bewusstseinsleiter erschaut hat, in Sprache übersetzen. Das ist allein mit den Worten des Intellektes nicht möglich. Man spricht nur aus dem Herzen gut!

Khamaji wird gern zum »Trauzeugen und Geburtshelfer«, wenn wir ihn um Klärung und Hilfe bitten.

Zur Erinnerung und Ergänzung:

Im Kehlkopfchakra können ganz neue Wege beschritten werden, neue Gedanken gedacht, neue Worte gesprochen und neue Zusammenhänge gesehen werden. Wie wichtig Worte mit spirituellem Inhalt sind, wird uns spätestens bei diesem Bibelwort klar:

»Am Anfang war das Wort, und das Wort war bei Gott, und Gott war das Wort.«
Johannes Evangelium 1,1

Achten wir auf unsere Worte, sie werden zu Taten. Wer diese Erfahrung gemacht hat, wird eine besondere Worthygiene pflegen. *Khamaji* zeigt uns deutlich noch einen neuen Weg, den wir erkennen, wenn wir Gefühl und Verstand zusammen fließen lassen. Wir sehen, dass wir selbst verantwortlich sind für alles, was wir tun.

Was heißt das, die Verantwortung zu besitzen für eigenes Denken und eigene Handlung? Selbst verantwortlich ist derjenige, der selbst eine Antwort hat! Wir hören auf unsere innere Stimme und sind dadurch viel unabhängiger. Der Weg durch das Kehlkopfchakra macht uns freier.

Verstand, Gefühl und Spiritualität sollten ebenfalls zusammengebracht werden im alltäglichen Handeln und im Sprachgebrauch. Das wird die Geburt des eigenen Wohlbefindens und großer eigener Kraftquellen sein. Gefühle können gleich hier im Kehlkopfraum ausgesprochen werden, das macht Menschen sympathisch, ehrlich und fördert die konstruktive Kommunikation.

Der Intellekt tut gut daran, Intuition, Spiritualität und Gefühl einzubeziehen und erst dann zu reden. Das lässt die Sprache des Menschen weicher erscheinen und schließt viele Türen zu einem wirklichen Austausch mit anderen Menschen auf.

Khamaji ist der Hüter des Sprach- und Tonzentrums. Fangen Sprache und Töne an zu tanzen, entsteht Gesang und Gesang löst Verspannungen und bringt sich und anderen Freude.

Die Quintessenz der Erlebnisse mit den anderen Chakren–Engeln wird klarer und vereint sich zu einem neuen Bild. Dadurch lernen wir uns, unser Leben und unsere Bestimmung von einer anderen Seite kennen. Wir sehen, dass es noch eine höhere Form von Verstand und Gefühl gibt. Diese feineren Handlungsweisen sind die Vorstufe eines zarten, lichten Energiekörpers. Jeder Mensch besitzt ihn, er muss allerdings gesucht werden. Alle Engel helfen dabei, denn ihre Seinsform ist ja schon der Lichtkörper.

Die latent vorhandenen Möglichkeiten im Wurzelchakra kristallisieren sich in der türkisfarbenen Welt des Kehlkopfchakras zu Realitäten heraus, über die wir reden können. Die Saat des

Wurzelchakras geht auf, strebt zur Sonne, reift zur Herzensblüte, feiert Hochzeit und bringt Verwandlung.

Jeder Mensch, der heiratet und eine innige Bindung eingeht, wird ein ganz anderes Leben führen als vorher! So ist es auch im geistigen Bereich. Wer die polaren Kräfte vermählt hat, wird auch ein völlig anderes Leben führen. Wie oben so unten, wie im Kleinen so im Großen. Und wie der Mensch innerlich an sich arbeitet, so arbeiten auch die Welten und anderen Wesen an ihrem Weg. Die Engelkräfte verbinden nicht nur die Chakren, sondern ebenso die stoffliche Welt mit der geistigen. So findet auch die Materie ihre Bestimmung. Alles strebt zur Vollendung.

Khamaji sagt: »Himmel und Erde berühren sich«.

Leitsatz:
Meine Worte werden ein Kraftstrom für andere Menschen sein.

HIROEL, ENGEL DES STIRNCHAKRAS

Beim Wurzelchakra-Engel sind die Kräfte unbewusst, chaotisch, launisch, labil, flatterhaft, unordentlich angehäuft, spannungsgeladen, unruhig und durcheinander. Durch Anstrengung, Beharrlichkeit, Erkennen, Erfühlen, Beschäftigung mit bewusstseinsverändernden Inhalten, Sehnsucht, Glauben, den Weg des Intellektes und der Intuition gelangen wir jetzt auf den Stufen der Jakobsleiter zum Stirnchakra. Der zuständige Hüter-Engel heißt »Hiroel«.

Die Farbe Blau bestimmt das Bild, wir nähern uns den ultravioletten Schwingungen. Blaue und violette Wellen sind kurzwellige Lichtfarben, die für den geistigen Bereich stehen, im Gegensatz zu Rot, einer langwelligen Energieschwingung, die für das Körperliche steht. Das Wurzelchakra im braunroten Bereich stellt ein eher materielles Muster dar und die blauen und ultravioletten Farben sind Ausdruck für die geistigen Ausstrahlungen. Die Farbe Blau wurde von vielen Malern, unabhängig voneinander, als Farbe für den Mantel der Mutter Maria gewählt. In vielen Kirchenliedern wird sie als Himmelskönigin besungen und verehrt. In der Tat gibt sich dieser Engel als Mutter der Chakren-Engel und genauso als kosmische Mutter zu erkennen.

Die Harmonie dieses Engelbildes deutet auf die Ausgewogenheit der Kräfte hin. Wie in einem Orchester spielen die einst polaren Energien schon fast perfekt zusammen.

Die wohlklingenden reinen Töne vermitteln die saubere, gläserne Klarheit eines ausgeglichenen Stirnchakras.

Die Gestalt des Engels *Hiroel* fließt scheinbar von unten aus dem Kehlkopfchakra in die Höhe. Allerdings fließen auch seine Haare wie Wasser auf die Schultern und weiter auf den Umhang. Bei diesem Engel kann nicht genau erkannt werden, wo die Haare aufhören und sein Mantel beginnt. Das ist auch sein Erkennungszeichen. Das rosa Kleid, welches unter dem Umhang hervorblitzt, soll auf die verkörperte Barmherzigkeit in Hiroel hinweisen.

In seiner Hand erblicken wir einen silbernen Spiegel. Dies ist der kosmische Himmelsspiegel, der verschiedene Bedeutungen hat.

In ihm pulsiert die kosmische, göttliche Marien-Energie und durch ihn können die Engel in die Welt der Menschen gelangen. Während sie durch diesen magischen Spiegel treten, erlernen sie in konkreten Erlebnissen die Güte, das hohe Mitgefühl, die Großzügigkeit und die allgegenwärtige Barmherzigkeit der Gottesmutterschwingung.

Sollte es einem Menschen erlaubt werden, in den Himmelsspiegel zu sehen, würden ihm vor Ergriffenheit die Tränen in die Augen steigen und den Blick verschleiern. Diese grenzenlose Güte öffnet das Fenster zum Himmel und der Blick des Menschen fällt in unendliche Dimensionen. In ihnen glitzern silberne Fäden, wie Spinnennetze, gewebt von den Schicksalsnornen. Wir lernen im Stirnbereich des Chakras, dass »Alles mit Allem« vernetzt ist. Dadurch kann geistige Bild- und Wortübertragung sowie Empfang derselben möglich werden.

Im irdischen Leben kann man als Analogie dazu das Internet sehen. Durch hochfrequente Wellen werden Nachrichten von PC zu PC über Kabel und Satellit übertragen. Allerdings kopiert dieses Netzwerk nur sehr unvollkommen die feinstofflichen Verbindungen von »Allem, was ist«.

Im Wurzelchakra sind diese Verbindungen auch vorhanden, die Analogie dazu ist im Erdreich zu finden. Die Bäume können durch ihre Wurzelverbindungen sogar kommunizieren, genauso wie die Pilze durch ihr Myzel. Genial von ihrem Schöpfer ausgedacht und von der Natur umgesetzt.

Das persönliche Sichtfenster wird durch unsere Chakrenarbeit blank geputzt und wird klar. Nun können wir Zusammenhänge anders und ungetrübt wahrnehmen. Mit der frisch erlernten Klarheit besitzen wir jetzt eine Eigenschaft, die uns ein gänzlich anderes Sehen ermöglicht, das Hellsehen.
Das dritte feinstoffliche Auge verbindet sich mit den beiden irdischen Augen und wir können fern- und weit-sichtig werden. Dadurch erkennen wir die feinstofflichen, uralten und ewigen Verbindungen. Es liegt sogar im Bereich des Möglichen, aura- und chakrensichtig zu werden. Naturgeister erscheinen dann wie selbstverständlich in unserem Blickfeld, Elementarwesen und Engel können unsere Wege kreuzen. Wir können dunstige Gemütswolken oder Blockaden in und um Menschen, Tieren und Pflanzen ähnlich wie Nebel sehen. Gefühlswogen, die sich wie Wasserschleier darstellen, werden wir immer deutlicher bemerken.
Manchmal wird das Plasma der feinstofflichen Gefühle und Wesenheiten so verdichtet, dass wir glauben, einem durchaus irdischen Wesen gegenüber zu stehen. Wir können plötzlich den Genius loci eines besonderen Ortes, unterdrückte Wut oder Angst riechen. Sogar Krankheit hat einen spezifischen Geruch.

In der Geomantie (»Geo« gleich »Erde« und »Manteia« gleich »Zeichen deuten«) ist es an einem Ort der Venus möglich, ihren speziellen Vanilleduft wahrzunehmen.
Die neue Sichtweise öffnet uns die Augen für Demut und den Wunsch nach Bescheidenheit.

Noch eine weitere Aufgabe hat der silberne Handspiegel: *Hiroel* hält ihn uns überraschend vors Gesicht. So werden wir hier im

Stirnchakra mit uns selbst konfrontiert. Mit der errungenen Klarheit sehen wir uns nun ganz und gar ungeschminkt, nackt und ohne Maske. Ergriffen erkennen wir unsere Schattenseite.

Jetzt sehen und wissen wir, dass der Schatten zu uns gehört und wir können ihn liebevoll in uns aufnehmen. Er ist nun unser helfender Bruder, unentbehrlicher Gefährte, treuer Freund, zweites Ich und mehr. Verschmolzen mit unserer hellen Seite zu einem Ganzen sind wir eine stärkere Einheit als zuvor.

Im Wurzelchakra hat durch die Hilfe des Engels *Saamis* eine erste schreckhafte Begegnung mit dem eigenen Schatten als Spiegelbild stattgefunden. Da zeigte sich unser Ich als brüllendes, ungezügeltes Wesen. Er zeigte unseren dunklen Bruder, den ungestümen Gefährten und zweifelhaften Freund. Allerdings war der Spiegel im Wurzelchakra zu unserem eigenen Schutz trübe.

Wenn wir zu früh mit dem Schatten verschmelzen, bekommt er eventuell noch Macht über uns. Wer sich mit dem Schattengefährten beschäftigt, braucht ein Herz voller Erbarmen und Vertrauen. Dann kann Dunkelheit und Angst transformiert werden. Wir finden den rechten Umgang mit uns selbst.

Hiroel zeigt, wie wir uns trotz der Unvollkommenheit mit all unseren Schattenseiten akzeptieren, ja schätzen können. Selbstverständlich will auch der Schatten geliebt und angenommen werden! Nur wer Liebe erfahren hat und in sich trägt, kann sie auch weitergeben. Ein alter Sinnspruch, den wir sicher alle kennen, lautet: »*Denn die Liebe, die wir geben, kehrt ins eigne Herz zurück.*« Die kosmische Liebe aber, die wir jetzt kennen lernen sollen, ist ganz anders als die der beiden Herzchakren. Warum anders? Sie wurde im Stirnchakra mit den vermählten weiblichen, männlichen und den neutralen Kräften getränkt und ist in sich heil, da sie alle drei Energien in sich vereint. So wird es möglich, dass diese Liebe gänzlich uneigennützig und nicht zweck- oder sympathiegebunden ist. Sie ist als vermählte Energie unipolar und die Herzenergie wird allumfassend!

Eine Entwicklung dieser reinen Liebe, gepaart mit echtem Mitgefühl und Güte, ist eine gute Vorbereitung auf die noch kommenden Chakren und den Eintritt in die kosmischen und spirituell sehr hohen Welten. Lassen wir uns nicht entmutigen, denn eine der Aufgaben unseres Erdenlebens ist es ja, dass wir uns zum liebe- und rücksichtsvollen Mitmenschen entwickeln. Mit der sublimen Liebe ist es möglich, dass sich die Menschen untereinander und ihren Mitgeschöpfen offen zuwenden, achten, helfen und ja, lieben!

Der Spiegel kann uns die Menschen zeigen, die unserer Hilfe bedürfen. Auch Antworten auf Fragen, die wir stellen, erscheinen, wenn wir darum bitten, als Bilder, Filme, Muster oder Farben im zauberhaften Himmels-Spiegel.

Außerordentlich wichtig ist die nächste Bedeutung des magisch glänzenden Spiegels. Er gibt dem ehrlich suchenden Menschen, der ein Herz voller Güte, Herzenswärme und Verständnis mitbringt, sein Geheimnis preis. Nachdem wir uns im Spiegel selbst begegnet sind, unsere Schattenseite verständnisvoll integriert haben und den Engel selbstlos um Erkenntnis der spirituellen Weltreiche und Gott-Erfahrung bitten, kann sich der Spiegel in ein Himmelstor verwandeln.

Mit unserem reinen, makellosen Seelenkörper wagen wir ein paar Schritte und gehen durch den Spiegel. Gleißendes, flackerndes Licht und eine große Gestalt lassen uns verharren. Das ist die Begegnung mit dem Hüter der Schwelle! Unsere Seele wird auf ihr absolutes Erwachen aus der physischen Sinneswelt vorbereitet. Zum Glück sind wir nicht allein, Hiroel geht uns zur Seite, hält beruhigend unsere Hand, beantwortet unsere Fragen.

»*Klopfet an und euch wird aufgetan.*« Matthäus Kap. 7,7

»*Ich bin die Tür; wenn jemand durch mich eingeht, der wird gerettet werden.*« Johannes Kap. 10,9

Wenn sich die Tür für uns öffnet, dann wird die Seele aus dem Schlaf des gewöhnlichen Alltagsbewusstseins aufwachen und ganz eintauchen in hohe, geistige Welten. Ein wirkliches Erwachen!

Warum haben wir diese Welten bisher nicht bemerkt? Wem ist schon im Schlaf bewusst, dass er schläft? Nur, wenn wir über die Schwelle treten, werden wir den Unterschied vom Schlaf zum Wachsein kennen lernen. Ebenso ist die Schwelle ein Berührungspunkt von materieller Wirklichkeit zur Unendlichkeit und zu den zahlreichen Anderswelten. Die neue Hellsichtigkeit zeigt uns den Kontakt zum Augen-Geist, eine Variante von Hiroel.

Eine Blockade in diesem Chakra kann sich bemerkbar machen durch: Migräne, Augenprobleme, oft die Nase voll haben, ständige Infekte, Verspannungen im Nacken, Schüchternheit, chronischer Verstopfung, Stirnhöhlenvereiterungen, Weinerlichkeit, wahnhafte Religiosität, spirituelle Überheblichkeit, gefährliche Selbstüberschätzung, Neigung zu dunkler Magie, Gefangen sein in astralen Illusionswelten, Selbstaufgabe, Engstirnigkeit, Fanatismus, Bewusstlosigkeit, Faulheit, Müdigkeit, Energielosigkeit, Helfersyndrom, Gleichgewichtsstörungen, Hörsturz, Bandscheibenprobleme, ADS, Schlaganfall, ausgerenkte Nackenwirbel, bohrende Zweifel und anderes.

Wenn wir es wünschen, arbeitet *Hiroel* mit uns an all diesen Blockierungen. Ein alter Weiser sagte: »Tun, tun, eines Tages getan!« Dieser Tag kommt, wenn wir fest entschlossen sind uns zu veredeln und dem Guten zu dienen.

Zur Erinnerung und Ergänzung:
Das Aufwachen aus Alltäglichkeiten und Erkennen der Aufgaben im Leben lässt uns dienen ohne Selbstaufgabe. Das kann sich schon in einem freundlichen Wort, in einem aufmunternden Lächeln oder in liebevoller Aufmerksamkeit äußern.

Wir dienen weitergehend den Mitgeschöpfen, wenn wir unsere Hellsichtigkeit selbstbewusst und demütig zum Lindern von Krankheiten und sonstigem Leid einsetzen, wenn wir alle Lebewesen selbstlos, allerdings ohne Selbstaufgabe lieben, wir selbst in Güte und Bescheidenheit leben und hilfsbereit und freundlich sind, wenn wir die Weisheit Gottes nach unseren Möglichkeiten im Alltag leben und nicht nur darüber sprechen! *Hiroel* gibt den Rat: »*Rede nicht über Wein und verkaufe Wasser.*« Dann sind wir fast am oberen Ende der Jakobsleiter angelangt.

Leitsatz:
Meine Fähigkeiten setze ich unauffällig in Demut für alle Wesen ein.

ISAEL, ENGEL DES SCHEITEL- ODER KRONENCHAKRAS

Körperlich ist *Isael* dem Scheitel zugeordnet. Der Engel ist doppelflügelig wie der Solarplexus-Engel. Außerdem sind in ihm zwei verschiedene Wesen vereint. Hinter dem emporstrebenden Engel fliegt ein Adler mit hellbraunen Flügel und goldenen Kopffedern.

»*Und ich sah und hörte einen Adler fliegen durch des Himmels Mitte.*«

Offenbarung des Johannes 8,13.

Was bedeutet das? Der von links unten nach rechts oben aufsteigende Engel *Isael* setzt Zeichen dafür, dass wir unsere Körperlichkeit mit reinem Herzen schon im Erdenleben zeitweise verlassen können. Dadurch verliert natürlich jeder Gedanke an Tod seinen Schrecken. Menschen, die sich nie mit dem Tod beschäftigt haben, bezeichnen das Leben ohne Körper als Tod. Oftmals lehnen sie ein Leben nach der irdischen Körperlichkeit ab, weil sie es nicht kennen, ja sich nicht einmal vorzustellen wagen. Die Scheu und die Angst vor der Auflösung der Persönlichkeit schürt die Todesangst. Das Einlassen auf stille Meditation und die Führung der Engel schenkt hier einen neuen Erfahrungsschatz.

Wenn die Seele losgelöst vom Erdenkörper fliegt, erfahren wir geistige Lebendigkeit in einem feinstofflichen, lichten Körper. Spätestens jetzt und beim Kontakt mit Isael wird uns durch diese Erfahrung bewusst, dass es den Tod, wie wir ihn uns vorstellen, nicht gibt! Wir entdecken, dass Tod nichts Endgültiges ist, sondern nur eine Seinswandlung.

Der Adler, der König der Lüfte, ist so verschmolzen mit dem Engel, dass sie eine Synthese eingehen und in einer gemeinsamen Gestalt wirken. (Braut und Bräutigam wurden durch die chymische Hochzeit so vereint, dass sie ein einziges Wesen wurden, das wiederum das Schöpfungsei in sich trägt.) Golden schimmern die Federn auf dem stolzen Adlerkopf.

Sie sind der sichtbar gewordene Atem Gottes und verbinden als Sinnbild Erde und Himmel, *Wurzelchakra* mit *Buddha-Engel*.

Sehr transparent wirken die Flügel des großen Himmelsvogels, der wie die Engel ein Botschafter des Höchsten ist. Braune Flügel, in einer helleren Ausführung als die Farbgebung der Höhle des Wurzelchakras, zeigen uns die Verbundenheit aller Energiezentren!

Der Adler bringt, wenn die Menschen sich auf seine Schwingung einlassen, Klarheit, Inspiration und den Mut für Neuanfänge. Brachte der Engel *Khamaji* durch die chymische Hochzeit die Kraft der Verständigung, so wird hier die Courage zu einem Neubeginn nach der Verwandlung geschenkt. Denn in den vermählten Kräften offenbaren sich die weise gewordenen Aspekte der ehemaligen Polaritäten.

Jetzt kann der männliche Verstandesaspekt großzügig die Zügel dem weiblichen Aspekt der Intuition überlassen. Dadurch können Wege gefunden werden, die in kein festes Schema passen. Es gibt keine Gebrauchsanweisung und keine eingefahrene Route. Der Sternenflug wird vorbereitet.

Die glänzenden Federn auf dem Kopf des Adlers sind ein Signum für diesen neuen Anfang nach der Wandlung. Das setzt das Erkennen und das liebevolle Annehmen des Schattenfreundes voraus. Auch den Mut für einen Neubeginn des Lebens, ungewohnte Klarheit der Sichtweisen sowie eine Neuordnung des alten Lebensmusters haben wir errungen.

Die goldenen Adlerfedern sind auch das Bild für die frische Lebensordnung der Morgendämmerung des erwachenden Tages. Die Indianer bezeichnen den Adler als Geist des Ostens, sie ordnen ihn dem Element Luft zu. Das Erscheinen des Adlers bedeutet bei ihnen Neuanfang. Im Osten geht die Sonne auf. Jeden Tag wieder! Unermüdlich! Nehmen wir das als hoffnungsvolle Nachricht und leben wir freudig und ohne Streit und Ärger, als wenn jeder Tag der letzte wäre. Den meisten Indianervölkern ist der Adler heilig, da er als Bote des Großen Geistes gesehen wird.

Wie die Engel kann auch der immaterielle Adler Botschaften Gottes zu uns Menschen und vom Menschen zu Gott bringen. In der germanischen Göttersage wird von einem Adler berichtet, der in der Krone der Yggdrasil sitzt. Yggdrasil ist der Name des Weltenbaumes und wird als Bild der Gliederung von Unterwelt, Lebensraum der Menschen und Göttersitz bezeichnet. Der Adler wohnt im hohen Geäst des Weltenbaumes, in Gemeinschaft mit den Göttern und als ihr Bote.

Doch ist der Adler kein spiritueller Kuschelvogel, er ist ein Wildtier! Das heißt, er kann sich durchaus den nötigen Respekt verschaffen. Das muss er auch, denn er ist »Wanderer« in den verschiedenen Welten. Zum Glück ist er ein Freund des Menschen, auch wenn das viele von uns vergessen haben. Der majestätische Flug eines Adlers symbolisiert reine Lebensfreude und erhabene grenzenlose Freiheit. Seine scharfen Augen sehen weiter und tiefer als gewöhnliche Augen. Sein gefährlicher Schnabel ist Sinnbild für Unterscheidungsfähigkeit, er kann zielsicher Bekömmliches von Schädlichem trennen.

Wir können *Isael* all unsere Bitten mit auf den Weg geben, ihm alle Sorgen anvertrauen. Dadurch, dass er uns Gottvertrauen lehrt, bringt er uns Trost und Hoffnung zurück. Eine Blockade in diesem Chakra zeigt sich in Atheismus, Illusionen, Kopfschmerzen, Fallsucht, Überdruck des Blutes, Überforderungssyndromen, Scheinheiligkeit, mangelndem Gottvertrauen, allgemeiner Überempfindlichkeit, religiös gefärbter Überheblichkeit und Sturheit. Überdies äußert sie sich in Ängstlichkeit im Umgang mit Religionen, Magie, Spiritualität, neuen Situationen und vielem anderen mehr.

Wir können aber auch wirkliche Ruhe, echten Frieden, Gottvertrauen, höchstes Glück und grenzenlose Liebe erfahren. Menschen, die sich mit ihrem Scheitelchakra-Engel Isael in Verbindung setzen, werden ihr eigenes Leben - und das Leben allgemein - aus einer anderen, höheren Perspektive sehen dürfen. Lernen wir hier die Grenzenlosigkeit und Weite der Wirklichkeiten in unserem Außen und Innen kennen. Genießen wir die Schönheit des himmlischen Gartens - das Universum!

Zur Erinnerung und Ergänzung:

Die Weite des Wurzelchakras ist grenzenlos in den Tiefen der Unter-Welten, die Weite im Kronenchakra ist grenzenlos in höheren Welten. Schrankenlos sind beide, am Anfang der Bewusstseinsleiter und an ihrem Ende im Himmel. Sie unterscheiden sich allerdings durch die Qualität.

Der maßgebende Engel Isael, welcher der Schützer und Helfer des Scheitel- und Kronenchakras ist, lässt uns außerdem noch teilhaben an seinen Flügen jenseits von Zeit und Raum. Das ist wichtig für uns, denn so können wir durch neue Perspektiven eine individuell andere Sichtweise erlangen. Wir erfassen ganz andere Zusammenhänge, die uns vorher gar nicht aufgefallen sind. Viele Situationen und Bedürfnisse erscheinen von hoch oben gesehen sehr klein und bedeutungslos. Die große Distanz zu Ärger, anderen unschönen Ereignissen und unendlichen Wünschen bringt Beruhigung und eine ganz andere Gewichtigkeit. Außerdem bekommen wir ungeahnte beachtliche Impulse, wenn wir einmal den eigenen Standpunkt verändern.

Im Übergangsbereich vom körperlichen zum geistigen Leben finden wir die Dreiheit des *Hara-Engels* wieder, wenn auch auf höherer Ebene. Glauben, Wollen, Handeln sind die Hilfsmittel des *Hara-Engels*. Wissen, Transformation, alles umgebende, sublime Liebe sind die Ergebnisse, die sich gemeinsam im Kronenchakra entfalten und uns besonders inspirieren.

Das violette Kleid des Engels ist das Erkennungszeichen für die Repräsentation des geistigen Reiches. *Isael*, der Adler-Engel des Scheitelchakras, ist der höchste Bote der Jakobsleiter unseres Körpers. Der Engel hat einen reinen, klaren, direkten Kontakt zu Gott. Freundschaft verbindet ihn mit Jesus, Buddha, Manitu, Allah, und anderen Religionsstiftern. Selbst mit den so genannten »aufgestiegenen Meistern«, obwohl diese die Bezeichnung »Meister« heute nicht so gern hören, findet ein reger Austausch statt. Begegnungen mit Planetenwesen und Sternenfreunden können sich zusätzlich ergeben.

Es ist uns ferner möglich, einen Kontakt zu den »leuchteten Brüdern und Schwestern« herzustellen und darüber hinaus einen Strahl des schimmernden Glanzes der göttlichen All-Gegenwärtigkeit zu empfangen. Wir dürfen die leisen Botschaften der Engel unauffällig in die irdische Körperlichkeit transformieren und wir geben vom Glanz des Göttlichen an alle Bedürftigen weiter, ohne Dank, Anerkennung oder Lob zu erwarten. Wir dienen den Mitgeschöpfen still und unerkannt, haben aber Teil an ihrem Glück, der Genesung von Krankheit, neuer Liebe, Nachwuchs oder was immer auch an Positivem geschieht. Was wir säen, ernten wir.

Vertrauen in göttliche Führung und Frieden bekommen wir als Geschenk des Engels und lernen, unsere Lebensaufgabe zu erkennen und auszuüben. Wir kennen nun »unten«und »oben«der Himmelsleiter und alle Engel der Chakren. Fast alle, denn der *Buddha-Engel* ist noch in den Schleier des Geheimnisvollen und Unbekannten gehüllt.

Die Ausgeglichenheit der ehemals polaren Kräfte erlaubt uns ein ruhiges, zufriedenes Leben zum Wohle aller Wesen. Wir dürfen durch den Dienst am Nächsten helfen, dass die Welt ein wenig heller und wärmer wird. Die Kraft zum Dienen erhalten wir aus dem goldenen Licht der himmlischen Sphären. Die Klänge der Universen, die wir jetzt manchmal hören können, schenken uns Beglückung, wodurch das Dienen zur Freude wird.

Wenn wir meinen, wir hätten keine Kraft mehr oder das Leben bringt mehr Sorgen und Nöte als Freude und Glück, wenn sinnloser Krieg das Land überzieht oder unfähige Politiker das Volk führen, dann wenden wir uns vertrauensvoll an unsere Gefährten im Licht. Sie stehen uns immer tröstend und hilfreich zur Seite.

Leitsatz:
Mein Leben mit allem Auf und Ab ist schön!

Die kosmische Anbindung und der Buddha-Engel

»Buddha« könnte »Der Erwachte« heißen. »Engel« könnte »Bote Gottes« heißen.

Der erwachte Bote Gottes? Er ist allerdings viel mehr als ein Bote, denn in ihm hat sich das Göttliche manifestiert. Er ist bekannt als »Der Goldene«. Die Farben wirken leicht durchscheinend, wie von einem verborgenen Licht angestrahlt.

Überhaupt vermittelt der *Buddha-Engel* den Eindruck einer lichtdurchfluteten Kostbarkeit. Die schwebende Leichtigkeit des Engels ermöglicht uns die Ahnung von Zeit- und Raumlosigkeit. Fühlen wir uns demutsvoll gemeinsam in diese neue Erfahrungsdimension ein, meditieren wir mit dem *Buddha-Engel*. Dazu stellen wir den internen, gedanklichen Dialog im Kopf ab, gehen ganz in die innere Stille. Es wird sogleich eine unbekannte Seite in unserer Psyche aufgeschlagen, eine andere Erlebnistür öffnet sich und wir gleiten in bisher unbekannte Weiten.

Wenn wir tief versunken im Kosmos treiben, dürfen wir seelisch eine unglaubliche Ruhe erfahren. Diese Ruhe ist die Erfüllung unserer Gottessehnsucht.

Die reine und feine Ausstrahlung des Engels berührt uns aufs Innigste. Vertrauen wir uns ihm an und bewegen uns lautlos mit ihm in die göttliche Schwingung. Verweilen wir so lange in diesem Glück, wie wir möchten.

Der Name des Engels offenbart sich jedem Menschen, der darum bittet, ganz individuell. Denn zu diesem Engel gehören viele Namen, da er zugleich namenlos und vielnamig ist.
   Warum sagen wir *Buddha-Engel* oder »Der Goldene«? Wir möchten dadurch zum Ausdruck bringen, dass er keinerlei Religionsrichtung vertritt und gleichzeitig alle Religionen in sich vereint. Im alten Testament gibt es zum Beispiel 72 Namen für Gott.

Wir sagen auch »Der Goldene«, weil in ihm die Flamme des Feuers vom Allmächtigen, Jehova, Allah, Jahwe, Brahma, Buddha, Schiwa, Shakti, Wischnu, Jesus, Isis, Zeus, »Große Göttin«, Wotan, Manitu, Demeter, »Der große Eine«, »Himmlische Mutter« und anderen brennt. Jedes Land, jede Zeit, jede Religion, jede Kultur hat ihre eigenen Namen für ihre Vorstellung des Göttlichen, Übersinnlichen und Unerklärbaren.
   Alle Menschen, gleich welcher Religion, fühlen sich in seiner »goldenen« Hand geborgen. Die göttliche Verbindung bringt uns wahren Frieden, da sie die innere Ordnung wieder herstellt und den Menschen freilegt, wie er als Gottes Ebenbild erschaffen wurde. Dann sehen wir, dass das Himmel- und Erdenreich in uns selbst ist. Der *Buddha-Engel* bindet uns nicht an ein fernes Jenseits, sondern schenkt uns die Kenntnis eines höheren Diesseits. Alles, was wir benötigen, ist in uns! Die Himmelsleiter führt uns exakt über die unumgänglichen Erkenntnisstufen zum göttlichen Licht in unserer Mitte, nicht weg von uns.

Zur Erinnerung und zur Ergänzung:
Eine Berührung des leuchtenden *Buddha-Engels*, die wache Erkenntnis einer kosmischen Anbindung und das Ankommen in Gott sind das Ziel. Am erfolgreichsten wird das in der Stille einer

Meditation oder eines innigen Gebetes möglich sein. Den Schutz Gottes und der Engel erhalten alle Menschen, jedoch spürbar wird er nur für diejenigen, die sich ernsthaft und ehrlich mit Großherzigkeit und erwachten, erweiterten Sinnen darum bemühen. Es gibt sehr viele Möglichkeiten zur Engel- und Gotteserfahrung. Und letztendlich, früher oder später, führen alle Wege zu IHM. Und dann erkennen wir, dass wir Gott nie außerhalb suchen müssen. Die Heimkehr ist wunderbar und engelsflügelweich!

Leitsatz:
Gott ist in mir und mit mir.

Nasita, Engel des Glücks

Der Glücks-Engel ist in all seinen Aspekten nicht erkennbar ohne den Reifeprozess, der auf dem Weg durch die Chakren einsetzt. Nasita steht entweder am Anfang oder am Ende der Chakren-Engel auf der Jakobsleiter. Außerdem kann er jeden der Engel in seiner speziellen Stellung und Wirkung unterstützen.

Die Flügel des Glücks-Engels leuchten mit ungewöhnlicher Strahlkraft. Lassen wir unsere Aufmerksamkeit dort eintauchen, so empfinden wir, dass Nasita vom Fluidum der Ewigkeit umspielt wird. Die Ausstrahlung der Ewigkeit setzt sich fort in der fließenden Spiralbewegung in der Mitte des Engels. Die Spirale verbindet Alpha und Omega und steht für die Unendlichkeit, die weder Anfang noch Ende kennt. Der Glücks-Engel ist in allen grob-, fein- und nichtstofflichen Welten zu Hause. So kann er mit jedem Chakra-Engel, mit allen Menschen und mit jedem Wesen gehen oder auch unabhängig und allein agieren.

Nasita wird stets von einem Stern geleitet oder von mehreren Sternen begleitet. Das ist sein gewaltiges Kraftpotenzial. Wenn wir uns hier einfühlen, können wir das Glück haben, uns mit Planeten- und Sternenwesen zu verbinden - sofern dies unser Wunsch ist.

Die Spirale in der Mitte des Glücks-Engels führt sowohl von außen nach innen, als auch von innen nach außen. Die Himmels- und Sternenenergie fließt von oben über die Engelshaare durch die Spirale ins Zentrum Nasitas. Dort wird sie so transformiert, dass Menschen, Tiere, Pflanzen und andere Wesen diese Kraft nutzen können. Aus der Mitte ergießt sie sich freigiebig in alle bedürftigen Bereiche.

Grün, die Farbe der Hoffnung, ist nicht zufällig auch die Farbe des Engelkleides. Jeder Wunsch wird doch von unserer Hoffnung auf Erfüllung begleitet. Wie das Gewand von Nasita zeigt sich die Natur auf Erden in allen Grün-Schattierungen. Ebenso wie der Glücks-Engel verströmen alle Pflanzen freudig und uneigennützig ihre Schönheit, ihren Duft und ihre Kraft.

Wir erinnern uns, dass dem irdischen Herz-Engel Elochiel die Farbe Grün zu Eigen ist. Wie dieser Engel bezaubert uns auch Nasita durch sein anmutiges Erscheinungsbild. Seine enorme Stärke liegt in der Weichheit.

Wenn wir den innigen Wunsch äußern, von ihm Hilfe zu bekommen, wird sie uns ohne Umwege zuteil. Selbst das tiefe Bedürfnis nach einem unverwechselbaren Kontakt versteht er und er zeigt sich den Menschen erstaunlicherweise oft in sichtbarer Gestalt! Das wird versinnbildlicht in den klaren Konturen seiner Abbildung auf der Engelkarte.

Er setzt seine vielfältigen Möglichkeiten ein, Glück zu bringen und Wünsche wahr werden zu lassen.

Die Menschen finden in diesem Engel einen mächtigen Helfer und erkennen in ihm früher oder später den Hüter des geheimnisvollen Glücks-Schlüssels. *Nasita* lebt außerhalb der Dimension Zeit, er ist zeitlos. So wird es geschehen, dass Wünsche gedankenschnell, nach Monaten, nach Tagen oder manchmal auch erst nach Jahren erfüllt werden.

Da sich Wünsche leicht aussprechen lassen, aber schwer in ihren Auswirkungen eingeschätzt werden können, berät *Nasita*

uns, welche Wünsche sinnvoll sind und uns wachsen lassen. Glücklich sein und Wunscherfüllung hängen oft zusammen. Allerdings ist man in der Regel wunschlos, wenn man glücklich ist! Hier denken wir an den Ausspruch: »*Willst du glücklich sein, musst du zuerst das Tor der Wünsche schließen*«.
Die Sternenkraft, die von oben in die Spirale des Engels einströmt, manifestiert die hohen geistigen und edlen Wünsche. Die Kraft aus der Erde, die von unten in die Spirale steigt, ermöglicht die Erfüllung irdischer Wünsche.
Nasita verkörpert den harmonischen Wirbel zwischen Universum, Erde, Unterwelt und innerer Welt. Er ruht völlig in seiner Mitte und zeigt den Menschen, dass in einem stabilen, ausbalancierten Zentrum alles Glück zu finden ist. Wir suchen es meistens außerhalb von uns und erkennen oft erst nach langer Lebensreise oder durch die Begegnung mit den Engeln, dass es in unserer eigenen Mitte verborgen ist. Dazu gibt es eine Legende über ein Gespräch zwischen Gott und einem Engel, der vielleicht Nasita gewesen sein könnte:

Gott: »*Wo sollen wir den Schlüssel des Glücks verstecken, damit die Menschen nicht leichtsinnig damit umgehen?*«
Nasita: »*Im Meer?*«
Gott: »*Dort sehen ihn die Fischer und Taucher.*«
Nasita: »*Im Feuer?*«
Gott: »*Dort finden ihn die Feuerwehrleute.*«
Nasita: »*In der Luft?*«
Gott: »*Dort fangen ihn die Piloten.*«
Nasita: »*Im Berg?*«
Gott: »*Dort finden ihn die Bergleute oder Höhlenforscher.*«
Nasita: »*Ja, dann weiß ich es auch nicht.*«
Beide überlegen angestrengt eine Weile.
Gott: »*Ich hab's! Wir verbergen den Schlüssel zum Glück in der Mitte des Menschen. Dort schaut er bestimmt zuletzt nach und wenn, dann erst nachdem er alle Prüfungen der Elemente schon bestanden hat.*«
Nasita: »*Ja und dann ist er reif für das Glück.*«

Gott: »*So ist es. Als besondere Gnade sollst du den Menschen helfen ihre Wünsche nach Glück hin und wieder zu erfüllen, bis sie den Schlüssel in sich selbst gefunden haben. Dann können sie wunschlos glücklich sein.*«

(Frei nach alter Sufi Tradition)

Und so wurde *Nasita* nicht nur der Glücks-Engel, sondern auch der Engel der Gnade. Gnade entsteht aus sublimer Liebe und allumfassendem Verständnis.

Glück ist die Zärtlichkeit der Engel.

Wenn wir Verständnis, Liebe und Glück erhalten, können wir das ausstrahlen und unsere Umgebung wird davon profitieren. Der Glücks-Schlüssel schließt die Herzen auf und fröhliche Menschen sind ansteckend gesund und können unglaublich viel bewirken. Lassen wir uns vertrauensvoll auf ein glückliches Leben ein.

Leitsatz:
Ich bin wunschlos glücklich.

DAS HAUS DER SEELE

Stellen wir uns vor, unser Körper mit seinen Chakren wäre ein Haus mit vielen Etagen. Die Erinnerung daran wäre bereits verblasst, aber wir haben den Entschluss gefasst, es neu und gründlich kennen zu lernen.

Beginnen wir im Keller (*Wurzelchakra*). Dort liegt im Halbdunkel manches verborgen. Wir finden allerlei verloren Geglaubtes, verstaubtes Spielzeug und uralte Zeitungen, die längst vergangene Zeiten wieder aufleben lassen. Auch Bücher, Bilder und Fotos aus Kindertagen quellen aus alten, aufgeplatzten Kartons. Spinnen haben fleißig gearbeitet und ein Schaukelpferd gänzlich mit einem Netz umwoben. Einst besaß dieses Holzpferd eine unglaubliche Wichtigkeit und wir Kinder prügelten uns fast darum, wer als erstes darauf schaukeln durfte. Wie die Zeit doch die Wertigkeiten verschiebt oder gar auflöst ...

Schräg an die Wand gelehnt erblicken wir im Dämmerlicht eine alte, verstimmte Gitarre. Wir hätten statt Geschäftsführer auch Gitarrenlehrer oder Musiker werden können.

Eine andere Möglichkeit zum Broterwerb hätte sich ergeben, wenn wir die mittlerweile fast zerbrochene Staffelei als Aufforderung zum Malen und damit womöglich als Einstieg in eine Künstlerkarriere genutzt hätten.

Auf dem wackeligen Tisch in der Ecke liegen neben einer Kartoffelkiste ein Haufen alter Stoffe, mottenzerfressene Gardinen und klein geschnittene, verblichene Stoffreste. Ja sicher, wir hätten auch das Schneiderhandwerk erlernen können. Das verschmierte Zeichenbrett hätte als Anregung dienen können, Architekt oder Bauzeichner zu werden.

So viele ungenutzte Möglichkeiten fristen hier im Keller ein vergessenes Dasein. Erinnerungen an alte, teilweise schon verstorbene Spielkameraden und Familienangehörige brechen auf. Es ist alles schon so lange her. Wir sollten mal aufräumen und uns von den alten Dingen trennen. Sie haben längst ihren Zweck erfüllt. Wir haben indes andere Gelegenheiten wahrgenommen und andere Talente genutzt.

Mit erinnerungsschweren Gedanken steigen wir die Stiegen der Kellertreppe empor und betreten das Erdgeschoss (*Harachakra*).

Hinter dem Rahmen mit der Kopie einer Blumenwiese von Monet war doch der Tresor? Das war damals ganz geheim, aber vor kindlicher Neugier ist nichts sicher, und so wurde es schnell ein offenes Geheimnis. In dem Tresor lag kostbarer Schmuck. Immer, wenn ein Familienmitglied die irdische Ebene verließ, wurde der Safe geöffnet und einige Kleinode wechselten den Besitzer.

Ein geheimnisvolles Armband aus schwerem Silber hatte es uns Kindern besonders angetan. Es war eine silberne Schlange mit zwei Köpfen, die Augen des einen Hauptes waren leuchtende Saphire, die des anderen feurige Rubine. Der Körper der Schlange umschloss das Handgelenk und ihre Köpfe ruhten an beiden Seiten des Schwanzes. Der Schmuck strahlte schon damals einen eigenartigen Zauber aus, der auch uns Kinder berührte. Er beschäftigte unsere Gedanken enorm.

Jetzt gibt uns die Vergangenheit wieder frei: Wir stehen in Gefühle versunken und betrachten das Monetbild, schieben es zur Seite und schauen in den Safe. Heute liegt nur noch das Armband dort. Wurde es vergessen oder übersehen? Es sieht auf den ersten Blick wertlos aus, denn das Silber ist schwarz angelaufen. Nur die Augen der Schlangen versprühen im Lichteinfall blaues Feuer und rote Blitze. Wir nehmen, als jetziger Eigentümer des Hauses, das Armband an uns und schließen die Tresortür wieder sorgfältig. Die Schlange schmiegt sich wie für uns gemacht ums Handgelenk. Wenn sie gereinigt ist, wird sie wieder im alten Glanz erstrahlen.

Weiter gehen wir und kommen an eine Treppe mit schönem Teppich. Beim Heraufsteigen versinken die Füße im weichen Hochflor und das Auge erfreut sich am zarten Blumenmuster.

So gelangen wir in den ersten Stock (*Nabelchakra*). Die Bilder der Erinnerung lassen uns schmunzeln:

Im Gästezimmer traf sich meine Schwester heimlich mit ihrem Freund und Zärtlichkeiten wurden ausgetauscht. Es gab Tage, an denen sie ihn zappeln ließ, ihn aber kokett im Minirock und Ähnlichem wieder lockte. Das alte Spiel der Eva von der Venus.

Im Wohnzimmer saßen Sonntag nachmittags die verwitwete Tante Paula und der ewige Junggeselle Onkel Richard, Tante Paula ganz das Weibchen und Onkel Richi, wie wir ihn nannten, ganz der Macho. Die beiden lieferten sich so manches Streitgespräch. Tante Paula, mit feurigem Temperament ausgestattet, schlug zwischendurch immer wieder mit der Faust so fest auf den Tisch, dass die kostbaren Teetassen hochsprangen. In Paula und Richi trafen die weibliche und die männliche Energie ungehemmt aufeinander und es flogen die Fetzen. Sie waren in ihren Ansichten meistens sehr konträr. Ihre unterschiedlichen Sichtweisen brachten oft einen Riss in den Sonntag.

An anderen Wochenenden verstanden sie sich fast ohne Worte ausnehmend gut. Dann sah es so aus, als seien sie eine Einheit. So dicht beieinander können Trennung und Zusammensein, Entfernung und Nähe liegen.

Wir steigen gemeinsam die großzügig angelegte Treppe hinauf in den zweiten Stock (*Solarplexuschakra*). Dort fällt uns in dem breiten Flur gleich ein imposanter goldgerahmter Spiegel auf – ein antikes Sammlerstück aus der Erbmasse der väterlichen Linie.

Die Wände des angrenzenden Raumes sind in sattem Gelb gestrichen. Dadurch entsteht selbst an Regentagen der Eindruck, als scheine die Sonne. Auf einem alten Sekretär, dessen Holz sanft schimmert, fällt uns eine wunderschöne Pfeifensammlung auf. Scheinbar vergessen liegt noch ein Päckchen Tabak daneben. Wir nehmen es in die Hand und die trockenen Blätter rascheln darin. Wie lange mögen sie hier schon liegen?

In einem Regal liegen allerlei Fachbücher zum Hausbau und Kataloge von Modelleisenbahnen durcheinander und in einer Ecke des Zimmers lehnt ein uraltes, verstaubtes Jagdgewehr.

Auf dem Holztisch steht ein Foto der ersten Jugendliebe, die am übersteigerten Egoismus des Hausherrn zerbrochen ist.

Durch das große Fenster gegenüber sehen wir die Sonne. Sie reflektiert sich glitzernd im Spiegel und ergießt so ihr Licht in das Zimmer. Ein rundes Feuertor in einer silbernen Spiegelwelt.

Was würde geschehen, wenn wir da hindurchgingen? Haben wir genügend Energie und Mut, um das zu wagen? Wir treten näher und der Spiegel wirft unsere Gestalt auf uns zurück. Wir begegnen unserem eigenen Ich. Unsere Augen versinken ineinander. Was würde geschehen, wenn wir durch diese Spiegelaugen in unsere Seele eintauchten? Hielten wir das aus? Wollten wir es überhaupt? Was sagt unser Selbstbewusstsein dazu? Bei diesen Gedanken wird uns ganz heiß.

Die Jacke, in die wir uns im Keller noch einkuschelten, können wir jetzt ausziehen, die Sonne erwärmt spürbar das ganze Haus.

Frohgemut laufen wir die Treppe nach oben in das dritte Stockwerk (*irdisches Herzchakra* und *mystisches Herzchakra*).

Hier liegen die Räumlichkeiten der Frauen. Zarte Rosa- und Grüntöne fallen sofort ins Auge und bestimmen das erste Zimmer. Ein Mobile mit schwebenden Herzen hängt am Fenster und auf einem Tischchen liegt eine Decke mit winzigen aufgedruckten Herzen. Darauf befindet sich ein zerbrochener Ring, ein Zeichen einer entzwei gegangenen Beziehung und als Erinnerung an den einst erlebten Liebeskummer.

Inzwischen deckt gnädig eine dicke Staubschicht Ring und Kummer zu. Daneben fristet eine Halskette mit Feueropalen und Mondsteinen ihr vergessenes Dasein, ein Hochzeitsgeschenk und Andenken an eine große Liebe. Ein Sonnenstrahl tastet sich über die stumpfen Edelsteine und der Staub tanzt und flimmert in seinem Licht.

In einer Ecke steht eine alte Wiege, einst Schutzraum der Kinder. Heute liegt eine Puppe darin. Alles ist nur noch stumme Dekoration.

Die Kinder, die einst in der Krippe schlummerten, haben nun selbst schon Enkelkinder. Der alte Notenständer, an dem schon der Holzwurm nagt, lässt die musische Veranlagung der Bewohnerinnen dieser Räume erahnen.

Vielleicht sollten wir uns von einigen Erinnerungen trennen und Platz schaffen für etwas durchaus Gefühlvolles aber dennoch Neues?

Verlassen wir nun diesen sehr weiblich geprägten Wohnraum und gehen durch einen kleinen Flur, bleiben aber auf der gleichen Etage. Eine Holztür mit schönen Intarsien öffnet sich knarrend, als wir an dem goldenen Türknauf drehen. Gemeinsam betreten wir den angrenzenden Raum (*mystisches Herzchakra*).

Hier finden wir eine kleine Hauskapelle, deren Wände in Rosarot, Flieder und Gold gehalten sind. Fotos, Aquarelle und Ölbilder von Rosen in allen Formen und Färbungen – als Knospen, halb erblüht, voll blühend und bereits verblüht – schmücken die Wände. Fast können wir den Duft der Blumen riechen, so plastisch und echt wirken die Darstellungen. Auf Kommoden und Schränken stehen kleine dicke Engelputten und schlanke, überirdisch schöne, imposante Engelfiguren. Sogar eine vor unendlich langer Zeit abgelaufene Spieluhr zeigt einen Engelreigen. Ist das Kitsch oder Kunst?

In einer Glasvitrine stehen handbemalte Vasen mit religiösen Motiven, die Farben sind verblasst im Licht der Jahre. Auf dem Sofa liegt eine in Leinen gebundene Bilderbibel mit Goldschnitt. Hier ist die sakrale Räumlichkeit des Hauses. Wie sieht es mit unserer eigenen Spiritualität oder Religiosität aus?

Wir gehen weiter die Treppe hoch. Das geschnitzte Treppengeländer zeigt zwei Schlangenkörper, die sich um einen runden Handlauf winden und in zwei unterschiedlich großen Schlangenköpfen enden.

Oben empfängt uns ein fensterloser, dunkler Flur. Er ist unverhältnismäßig schmal, fast wie ein Spalt. Wir zwängen uns durch die bedrückende Verengung und gelangen in die türkisfarbenen Räume der vierten Etage (*Kehlkopfchakra*).

Im ersten Zimmerchen ist ein wildes Durcheinander von Büchern und Zeitschriften, Bauzeichnungen, Grundrissen und

Landkarten. Im zweiten Zimmer herrscht ein Chaos von Nippes, Tierfiguren aus Glas, Musikinstrumenten, Malutensilien und Porzellanpuppen in Rüschenkleidchen.

Wir stehen sprachlos in diesem Durcheinander und bahnen uns den Weg durch die Unordnung, die dem Zimmer die Luft zu nehmen scheint.

Automatisch beginnen wir mit dem Aufräumen. Die Utensilien und Bücher ordnen und dekorieren wir so, dass sie anschaulich und harmonisch zueinander passen. Unser Schönheitssinn ist befriedigt und wir können weitergehen.

Nur dort, wo Platz geschaffen wird, kann ein frischer Wind wehen. Wann haben wir uns das letzte Mal wie neu, frisch, jung und beschwingt gefühlt?

Einer der kleinen Räume fungiert als Durchgangszimmer, ist völlig leer und führt uns zu unserer Überraschung in einen großen Saal mit glänzendem Parkettfußboden. Graue Filzpantoffeln am Eingang erinnern uns an eine lange zurückliegende Schlossführung.

Wir gehen vorsichtig mit den viel zu großen Pantoffeln durch den geräumigen, leeren Saal, der uns durchatmen lässt und ein Gefühl von Freiheit vermittelt. Am Ende dieses Raumes lassen wir die Filzschuhe zurück und gehen weiter bis zu einer schmalen Treppenstiege.

Sie ermöglicht den Zugang zum fünften Stock (*Stirnchakra*). Ein kühles Blau nimmt uns in Empfang. Sehr übersichtlich und rein zeigen sich die Räumlichkeiten hier.

Säuberlich geordnet erblicken wir Kinderspielzeug, Kinderbücher, Poesiealben, Kassetten mit Kinderliedern und Musik-CDs. Eine reichhaltige Sammlung von spanischen Fächern und Handspiegeln aus aller Herren Länder zieren die zartblauen Regal-Wände.

In einer Vertiefung im Schrank liegen auf dunkelblauem Samt drei Fernrohre, daneben Bücher über Hellsehen, geistiges Heilen, Magie und Märchen. Auch einen alten PC entdecken wir hinter den Spiegelschranktüren. An der Stirnwand hängen kunstvolle

Scherenschnitte aus schwarzem Karton, mit denen die Kinder wohl einst Schattenspiele veranstaltet haben.

Darunter finden wir ein rosa Papierherz mit der Aufschrift: »Denn die Liebe, die wir geben, kehrt ins eigne Herz zurück.« An dem alten Sekretär aus Kirschbaum ist eine Bild-Miniatur von Maria und Jesus angelehnt. Was sagt uns dieses Bildchen? Spricht es zu uns? Hören wir genau zu!

Um in die sechste Etage (*Scheitel-/Kronenchakra*) zu gelangen, steigen wir nun eine Wendeltreppe aus Eschenholz hinauf. Der Handlauf ist aus matt schimmernder Bronze, aus Gold oder einem anderen Metall. Das lässt auf einen Palast hoffen.

Die schmale Eingangstür führt aber nicht in ein Prunkgemach, sondern auf den Dachboden. Umwickelten im Keller noch die Spinnen Gegenstände der Vergangenheit, so umgarnen sie hier auf dem Dachboden die Dinge der Zukunft.

Als besonders wertvoll erachtetes Kinderspielzeug lagert zusammen mit Kinder- und Jugendbüchern in einem verschließbaren Schrank. Sie wurden für die nächste und noch danach kommenden Generationen aufbewahrt.

Modellbauflugzeuge hängen an Fäden baumelnd von den Dachbalken. Jeder Lufthauch bringt sie in Bewegung und das helle Sonnenlicht, das durch die Dachluken flutet, malt rätselhafte Schattenmuster in den Raum. Da die Fäden nicht sofort zu sehen sind, werden die Flugzeuge scheinbar wie von Geisterhand bewegt. Ein recht geheimnisvoller Eindruck.

Eine Bildersammlung aus Österreich über die letzten noch lebenden Raub- und Greifvögel finden wir in einer alten, violett bemalten Truhe. Die Kinder des Hauses haben beim Betrachten der Bildern geträumt: Vom Fliegen in den Weiten des Himmels und den spannenden Abenteuern in fernen Ländern. Stundenlang konnten sie sich damit beschäftigen. Wir öffnen den gewölbten Deckel, damit Vögel und Träume in die Freiheit fliegen können.

In einem Wäschekorb aus Weidenruten liegen Faschingskostüme wie schlaffe, müde Gestalten: ein kunterbuntes Narrenkostüm und ein Prinzessinnenkleid mit Glitter in dem verblichenen Tüll. Sogar ein rot-schwarzer Teufelsanzug liegt friedlich vereint neben den angeschmuddelten, ehemals weißen Engelsflügeln. Wir greifen hinein, schütteln den Staub heraus und überlassen uns unserer Fantasie. Der Narr in uns tanzt losgelöst von aller Schwere durch Zeiten und Universen.

Wann haben wir uns zuletzt Tagträumen hingegeben? Wann sind wir, selbstvergessen wie Kinder, im Clownskostüm herum gesprungen? Wann hat unsere Seele fröhlich getanzt?

»Wenn ihr nicht umkehret und werdet wie die Kinder, so werdet ihr nicht ins Himmelreich kommen.«
Matthäus 18,2

Die schwarze Eisenleiter bis zur Dachluke war ursprünglich für den Schornsteinfeger gedacht.

Wir klettern die Metallleiter empor, öffnen die Luke, stecken unseren Kopf in die milde Sommerluft und schauen in den Himmel (*Buddha-Engel, kosmische Anbindung*). Über uns fliegen zarte Wolkengebilde dahin und wir spielen das Spiel aus Kindertagen, als wir in den Wolken Drachen, Engel, Monster, Puppengesichter, Landschaften, Freunde, Blumen, Feen und vieles mehr erblickten. Der Blick gleitet von den Zaubergestalten ab, hinein in die unendlichen Zwischenräume des Himmels. Das Firmament schimmert wie durchsichtiges blaues Glas. Wir schweben hindurch.

AUFRÄUMEN, LOSLASSEN, TRENNEN UND VERZEIHEN

Warum streben wir überhaupt Meditationen und die Beschäftigung mit den Chakren-Engeln an?
Es ist ein Weg, uns selbst kennen zu lernen, unseren irdischen und die feinstofflichen Körper. Das bringt uns ein anderes Bewusstsein, eine neue Sichtweise und bereichert so das Leben. Der Weg zu uns selbst führt uns zu dem inneren Schatz der Gottverbundenheit. Diese Erkenntnis macht uns heil, fröhlich, stark und lebensfroh.

Auf diesem Selbsterfahrungsweg sammeln wir die Schätze Wohlbefinden, Ruhe und Ausgeglichenheit.
Während der meditativen Wanderung durch unsere Energietore lernen wir die einzelnen Stationen und die Hüter dieser Kräfte, die Chakren-Engel, genauer kennen. Wer ihre Bekanntschaft macht und wem sie die Hand zur Freundschaft reichen, ist reich beschenkt. Wir erfahren durch sie Hilfe in unserer Selbstentwicklung. Wie lange jeder von uns in der Erlebniswelt der einzelnen Chakrenräume bleibt, ist individuell verschieden. Ein Mensch kann Jahre oder nur Tage dort verbringen. Er wird mit Fehlern, Wünschen, Erwartungen, Heilungen, Ängsten, Talenten, Monstern und Elfen, Gefährten, Schatten, Licht, Geheimnissen und Verführungen, Süchten, Engeln und seinen ganz speziellen persönlichen Herausforderungen zu tun haben. Wir sind auf der Reise zum Mittelpunkt der Seele, zu uns selbst! Das wird sich unweigerlich in allerlei Veränderungen äußern. Und vergessen wir nicht, Veränderungen können vorübergehend recht schmerzhaft sein. Gesundheit, Glück, Erkenntnis und Liebe sind Schätze, die errungen und erarbeitet werden. Engel und die göttliche Vorsehung schenken uns manchmal den einen oder anderen »Edelstein«.

Wurzelchakra/Keller
Ein Spiegel unseres Unterbewusstseins? Das Hineinfühlen und Hineinhorchen macht den Weg frei zu Klarheit, Einsicht und Bewusstsein. Es ist ziemlich dunkel und zum Schutz gegen die Kälte brauchen wir eine warme Jacke. Im Keller liegen all die vergessenen Dinge und im Unterbewusstsein ebenso. Eine erste wichtige Handlung im Keller wie auch im Unbewussten ist »Aufräumen«! Beim Aufräumen wird uns warm und wir empfinden die Dunkelheit jetzt als Schutzraum.

An zweiter Stelle steht das »Loslassen« der Dinge und Ereignisse, die uns nicht mehr nützen, sondern nur noch behindern. So wird das »Aufräumen« von Gegenständen im Keller und das »Trennen und Verzeihen« von zu vielen Erinnerungen, Schmerz, Verletzungen und Menschen, die wir noch als belastend empfinden, drängend. Trennen und Verzeihen gehören dann unlösbar zusammen!

Wenn im Wurzelchakra alles penibel aufgeräumt wurde und wir nur noch das behalten, was wir für uns als wertvoll erachten, sehen wir wieder klarer; es wird etwas heller. Die großzügig gefüllte Schatzkiste, die wir finden, wird uns für alle Mühen entschädigen.

Mit ungetrübtem Blick sehen wir wieder die Natur, nehmen Fremde, Freunde, Verwandte, Nachbarn, alle anderen Geschöpfe und Situationen wahr; ganz anders als vor der Aufräumaktion, als der alte Ballast unseren Blick verstellte.

Wir sind zum Glück nicht allein mit diesen Aufgaben, denn bei den schmerzhaften Prozessen des Aufräumens, Loslassens, Trennens und Verzeihens unterstützen uns die Engel wie Freunde, die beim Ordnen helfen.

Die Freude an der Bewegung in der Natur und beim Sport entfaltet sich, ein neuer Wissensdurst entsteht und die Sehnsucht nach wahren Freunden, Mythen, Religion und geistiger Sonne erwacht. Begeisterung für Mannschaftssportarten und das Zusammensitzen mit Gleichgesinnten entzündet sich.

Harachakra/Erdgeschoß
Es spiegelt unser Gefühl für Wahrheit und Ehre, Gut und Böse. Ein ganz besonderer Raum der Kraft ist im Harachakra versteckt.

Auch hier sind die drei magischen Handlungen wichtig: »Aufräumen, Loslassen und Verzeihen«.

Die automatische Einteilung in schwarz und weiß, richtig und falsch hält uns gefangen in der Polarität der Kräfte. Wir würden am liebsten alles Erlebte und die Mitmenschen in Schubladen verpacken, worauf geschrieben steht: Gut oder böse, Freund oder Feind, rechts oder links.

Der Hara-Engel zeigt uns aber, dass das Ablegen der Menschen in Polaritäten – Schubladen, jede Veränderung ausschließt.

Beispiel: Wenn wir eine Eigenschaft eines Bekannten als unangenehm empfinden, sagen wir mal, er ist starker Raucher, dann legen wir ihn in die »Raucher und Sucht-Schublade«. Unser Urteil könnte sein: Er hat so viele Ängste oder so wenig Selbstvertrauen, dass er rauchen muss. Und das glauben wir unter Umständen jahrelang. Inzwischen ist dieser Bekannte aber durch persönliche Erkenntnisse zum Nichtraucher geworden und liegt nicht mehr in der »Raucher-Schublade«. Wir bekamen das aber gar nicht mit und das alte Raucherbild ist immer noch in unserem Kopf. So haben wir den Zeitfaktor und die Möglichkeit einer Veränderung nicht einkalkuliert.

In der Zeitdimension ist aber alles im Fluss, Veränderung ist die Regel und schon passt nichts mehr in die Schublade. Schubladendenken raubt uns die Energie, immer wieder neu hinzuschauen, jede Veränderung zu bemerken und ihr Platz zu geben.

Warum entwickeln wir Vorurteile, warum denken wir polar? Gibt uns das Sicherheit? Ist die Welt leichter zu erfassen, wenn wir in Gut und Böse, Schwarz und Weiß einteilen? Die Gräben zwischen Moralisten sind offensichtlich tief. Wollen wir nicht Brücken bauen und verbinden?

Das können wir durch Loslassen unserer Urteile und Verständnis für andere Verhaltensweisen. Nur das wird uns Entspannung und damit Lebensfreude zurückbringen.

Beleuchten wir unsere Verhaltensweisen und lernen wir sie kennen und verstehen! Wenn wir mit der gütigen Hilfe der Engel aufräumen, bekommen wir wieder die nötige Bewegungsfreiheit, ein Gefühl der eigenen Größe und Wertigkeit. So werden wir ein anderes Empfinden für richtig und falsch, Wahrheit und Ehre bekommen. Neue Hobbys entwickeln sich, Spielen um des Spielen willens wird uns ungewohnt begeistern.

Nabelchakra/erste Etage
Es spiegelt unsere Sexualität, Bauchgefühl und Lebensfreude. Gerade Verletzungen durch sexuelle Erlebnisse und andere lieblose Erfahrungen trüben die Freude im Leben. Sie vermögen es, dass sich der Betroffene klein, beschmutzt, minderwertig, nicht liebenswert und sogar hässlich fühlt. Schlimm sind gleicherweise die übrig gebliebenen Empfindungen nach diesen Verletzungen, denn sie heilen langsam. Die Wundschmerzen sind stark belastend und es bleiben meistens Narben zurück. Beim Hineinlauschen können wir vielleicht den Sinn hinter dem Schmerz erkennen – vielleicht den Weg unserer individuellen Entwicklung hindurchblitzen sehen.

Leben ohne Schmerz und Verletzungen gibt es nicht. Aber wir können das Pflaster der Freude, der Freundschaft, des Wissens, der Liebe, der Erkenntnis oder des Vertrauens darüber kleben.

Das Aufräumen wird wieder Raum schaffen für die instinktive Intuition. Wir nennen sie auch Bauchgefühl. Sind die Verletzungen erst geheilt und die Blockaden beiseite geräumt, kann es zum Vorschein kommen. Das »Gehirn des Bauches« ist uns eine zusätzliche, wichtige Entscheidungshilfe - besonders gefragt auch bei der Partnersuche. Hier kann es spontan zu uns »sprechen«. Wir hören es nur im stillen Raum und bemerken es nur im freien Raum, wo nichts übereinander gestapelt ist und deshalb nichts überlagert wird. Das Nabelchakra sollte unserer ganzen Aufmerksamkeit gewiss sein. Hier sind ungeahnte Möglichkeiten versteckt.

Intuition des Bauches und Sexualität bringen uns Lebensfreude und Glück. Die Freude an orientalischem Tanz, an Reisen, an Bekanntschaften, Geselligkeit und sexueller Liebe sei hier erwähnt und der Wunsch Eltern zu werden, kann geboren werden.

Sonnengeflechtchakra/zweite Etage

Wer kennt das nicht: In lichtdurchfluteten Räumen sieht man den Schmutz am deutlichsten und der Staub tanzt leuchtend in der Luft. Aufräumen und saubermachen! Loslassen, Trennen und Verzeihen! Im dämmrigen Keller deckt das Halbdunkel gnädig den Staub zu und wir können uns zuerst um den gröbsten Schmutz kümmern, der penetrant ins Auge sticht. Aber hier im Glanz der Sonnenstrahlen, die unerbittlich auch das kleinste Eckchen ausleuchten, müssen wir uns mit Schmutz und Staub in allen Winkeln gleichermaßen auseinandersetzen.

Auch festklebender Schmutz wie alter Ärger, der sich besonders gern in die Falten unserer Erinnerung setzt, muss angeschaut und weggewischt werden, denn sonst wird die Leber rebellieren, wenn der Ärger ständig über sie hinweg läuft. Wir saugen mit dem Staubsauger die schlimmsten Auswüchse des Egos weg. Wir bitten den Engel des Solarplexus-Chakras um Hilfe, dass wir unsere Persönlichkeit finden, unsere alten Muster »aufräumen, loslassen«, Selbstachtung entwickeln sowie unser sonniges Selbst entdecken. Die alten Ängste schauen wir freundlich an, erkennen, dass wir sie nicht mehr als Wegweiser und Warnung gebrauchen, und lassen sie wie einen Fluss vorüberziehen.

Wir wünschen uns ein neues, starkes Selbstwertgefühl, damit wir uns nicht mehr an Äußerlichkeiten orientieren müssen, sondern auch voller Frohsinn und Achtung in uns hineinschauen können. Aus uns selbst holen wir die Kraft. Der Engel Solaris gibt uns hier in diesem Chakra eine wunder-volle Gabe: Das Lachen! Schon mit einem Lächeln können wir nur gewinnen, niemals verlieren. Ein freies Lachen braucht Raum, einen aufgeräumten sauberen Raum. Dann strahlt die Freude wie eine Sonne an unserem persönlichen Firmament.

Der machtvolle, starke, verantwortungsbewusste Engel Solaris steht uns zur Seite, wenn wir ihn rufen, um unsere Berufung, den zu uns passenden Beruf zu entdecken.

Irdisches Herzchakra/dritte Etage

Hier wohnt die Macht der Gefühle und Empfindungen. Es wird gesammelt und überfrachtet. Was helfen kann ist »Aufräumen, Loslassen, Trennen und Verzeihen«.

Da das Herz in der oberen Mitte des Körpers schlägt, ist es auch hier wieder wichtig, die bestimmenden Energien kennen zu lernen und durch den Kraftstoff Liebe einen Ausgleich zu schaffen. Liebe ohne Mitgefühl ist wie ein schönes Haus im Morast. Wenn wir ein nett anzusehendes Zuhause voll stopfen mit emotional befrachteten Dingen, dann wird uns die Luft zum Durchatmen fehlen. Jeglicher Impuls zum Aufatmen wird erstickt.

Ein rosa Papierherz neben einem Poesiealbum auf einem bestickten Tülldeckchen unter einem Rosenstrauß ist zuviel des Guten. Das richtige Maß fehlt. Aufräumen und sich von überflüssigen Sachen trennen, heißt die Zauberformel. Wir müssen unser Herz von erdrückenden Emotionen des Besitzdenkens und der Äußerlichkeiten befreien. Fast nebenbei lernen wir dabei die Kunst des Loslassens. Mit dem Herzensfeuer transformieren wir diejenigen eingefahrenen Gewohnheiten und alten Muster, die wir als belastend empfinden.

Loslassen soll einhergehen mit Liebe und Vertrauen. Sie geben den Schutz, den wir brauchen, wenn wir uns von etwas trennen. Der irdische Herzengel erinnert uns an das Vertrauen in die göttliche Führung. Vertrauen entsteht in der Erfahrung des Loslassens und loslassen können wir im Schutz der Engel.

Wir beten um Hilfe. Bekommen wir sie, sind wir Glückskinder und erleben, dass wir liebevoll getragen und geführt werden vom Weltenschöpfer und -lenker. Voller Freude und Hingabe wenden wir uns an Elochiel, er verstärkt noch einmal das Geschenk des Solarpexus-Engels, die Gabe des Lachens, Lächelns und des Fröhlichseins mit seiner Herzenswärme.

Ganz nah zusammen liegen die beiden Herzenszimmer, nur die Motivation im mystischen Herzen ist noch eine etwas edlere, höher orientierte und bewusstere.

Mystisches Herzchakra/dritte Etage

Wir räumen völlig nutzlose Kinkerlitzchen, süßliche Nippessachen und religiösen Tand auf. Wir machen Schluss mit falschen Vorstellungen, lassen spirituelle Konditionierungen los und besinnen uns auf unsere eigenen Seelenempfindungen. Dadurch wird unser Glaube immer mehr zu Wissen, zur Herzenswissenschaft. Durch den mystischen Herz-Engel wird Gefühlswissen auf höherer Ebene geschaffen! Er lehrt uns:

»Du bist nur mit den Herzensaugen richtig sehend. Auch die Wahrheit, die gern versteckt oder verschleiert wird, findest und erkennst du nur mit deinem Herzen.«

Öffnen wir also endlich unsere Augen der Intuition, der Emotionalität, der Sensibilität und der Herzenskraft. Dann haben wir wieder einen Schritt zu unserem Heilwerden getan. Das brauchen wir dringend, um den Alltag bewältigen zu können. Auch auf Schönheit, Güte, uneigennützige, edle Liebe, göttliche Gunst und Mitgefühl macht uns der Engel aufmerksam. Das ist die Quelle reiner Lebenskraft. Sie ist Nahrung für Körper und Seele. So werden oder bleiben wir heil. Die emotionalen Wunden werden verheilen durch die spürbare Anwesenheit der Boten Gottes.

Hier im sakralen Raum des mystischen Herzens können wir überaus deutlich mit den Engeln kommunizieren und fühlen eine neue Leichtigkeit. Wir lassen alle Ängste los, Veränderung zu und vertrauen der Führung unseres Engels. Mit ihm verlassen wir die Welt der körperlichen, stofflichen Erfahrungen und erleben die federleichte Engelsenergie, die unseren Geist mit frischer Tatkraft auffüllt. So gestärkt und frohen Mutes werden wir das nächste Stockwerk unseres Seelenhauses besuchen.

Kehlkopfchakra/vierte Etage

Die Entscheidung aufzuräumen, loszulassen und sich von Überflüssigem zu befreien, fällt nicht leicht hier oben im vierten Stockwerk, denn es wird mühsam sein, die zu entsorgenden Dinge die ganzen Treppenstufen herunter zu tragen. Darum müssen wir uns durchringen und ganz klar Stellung beziehen: Was brauche ich wirklich, was macht mir Freude, was will ich unbedingt, was liebe ich, was baut mich auf, was schwächt mich? Wir müssen eine Unterscheidung treffen zwischen für uns Wichtigem und Unwichtigem. Haben wir unsere Wahl sorgfältig getroffen, dann sortieren wir. Was wir behalten wollen, stellen wir dekorativ in Schränke und Vitrinen, und was wir nicht mehr gebrauchen können, legen wir in den großen Karton.

Im feinstofflichen Bereich entscheidet sich, ob wir fähig sind, die polaren Kräfte, die in diesem Chakraraum aufeinander treffen, zu bändigen, und ob sie sich zur geistigen Verschmelzung »überreden« lassen. Können wir uns zusätzlich entschließen, eigenverantwortlich in Spiritualität zu erwachen? Wollen wir eine Neugeburt in die wache, kühle Einheit mit »Allem, was ist«? Wir allein müssen die Entscheidung treffen und die Eigenverantwortung übernehmen.

Fragen wir den zuständigen Engel, er wird uns beratend zur Seite stehen. Es ist eine schwierige Geburt vom stofflichen Empfinden in die feinstofflichen Erfahrungswelten einzutreten. Hüllen wir uns mutig in das türkise Kleid der Verwandlung. Wir sagen »Ja« zur Veränderung!

Sprechen wir die Sprache des Herzens, gepaart mit der Logik des Verstandes, haben wir einige der polaren Kräfte zusammengeführt und ausgeglichen.

Stirnchakra/fünfte Etage

Die Zimmer in Blau sind noch aufgeräumt vom letzten Besuch. Die meisten Spiegel an den Wänden glänzen und strahlen. Ein paar wenige sind verstaubt, angelaufen oder trübe. Unser Körper wird entweder vervielfacht, klar umrissen oder mit verschwommenen Konturen gespiegelt. Wir begegnen uns in den Spiegeln selbst. Was sehen wir? Eine wohlproportionierte Gestalt mit klarem, offenem Blick und jetzt staunendem Ausdruck im sauberen Spiegel. Im trüben Spiegel sehen wir konturlos und unklar aus. Wer sind wir? Sind wir klar oder trübe in unserer Ausstrahlung?

Jetzt sollten wir nicht nur Zimmer und Energien kritisch betrachten, sondern auch uns selbst. Auch hier gilt: Aufräumen, Loslassen, Trennen und Verzeihen!

Aufräumen in unseren Gewohnheiten und Ansichten und Loslassen alter Erziehungsmuster, Gewohnheiten und Verhaltensweisen. Verzeihen unserer Schwachstellen, Umwege und Schuldgefühle.

Des Weiteren schauen wir kritisch hin, von welchen Eigenschaften wir uns trennen möchten. Das Verzeihen ist dabei wichtig, um einen klaren Geist zu bekommen. Schuldgefühle belasten unseren Rücken und halten die Gedanken gefangen. Niemand kann leben, ohne Fehler zu machen! Fehler und Fehlentscheidungen geben uns die Möglichkeit zu lernen, dann haben sie auch einen Sinn. Erkennen wir den Sinn hinter den Handlungen, dann können wir uns und anderen Menschen verzeihen und Milde walten lassen.

Hier im Stirnchakra geht es in erster Linie darum, dass wir uns selbst verzeihen! Wie ist das gemeint? Im Spiegel erblicken wir unsere verschwommene Gestalt, warum sehen wir uns nicht in aller Deutlichkeit? Was wollen wir nicht sehen und in welche Ecken weigern wir uns zu schauen? Richten wir unseren Blick doch genau dahin! Den Engel Hiroel, den Hüter des Stirnchakras, bitten wir um freie Sicht. Und plötzlich können wir unsere Unzulänglichkeiten sehen. Oh je ...

Statt in Wehklagen und Zähneknirschen zu verfallen, sollten wir frühere Verfehlungen und Charakterschwächen genau ansehen, aber den Gedanken nicht mehr festhalten, sondern wie einen Fluss vorbei fließen lassen, uns verzeihen und dann nach vorne schauen. Wer sich selbst verzeihen kann, kann auch anderen verzeihen, kann großzügig sein und Barmherzigkeit üben. Dann sind alle Spiegel blank geputzt. Unser klarer Blick fällt in den klaren Spiegel.

Wir haben die Lehren aus den Schwächen und Untugenden in unseren Erfahrungsschatz integriert und wissen: Es ist wichtig, eigene Fehler zu sehen, loszulassen, zu verzeihen, die Erkenntnis daraus zu behalten, und anderen Menschen mit diesen Einsichten zu helfen.

»Nur wer sich selbst schon einmal verirrt hat, kann anderen den richtigen Weg zeigen.«

Hiroel hat Verständnis für Verirrungen, kennt die Kraft des überwundenen Irrtums und weiß, wie ausschlaggebend manche Umwege sind. Genau das ist mit ein Grund, warum wir Fehler machen, scheinbar in auswegslose Situationen geraten, krank werden und mit allerlei Widrigkeiten im Leben zu tun haben. Wenn wir daraus lernen und diese Erfahrung in den Dienst des Nächsten stellen, haben wir den Sinn begriffen.

Im Spiegel der Erkenntnis vermittelt uns der Stirnchakra-Engel damit die Möglichkeit, Weisheit zu erlangen. Die Mütterlichkeit *Hiroels*, auf sehr hoher Ebene gelebt, ist kosmische Weisheit und Barmherzigkeit. Das befähigt uns, weise Entscheidungen zu treffen, wenn wir im Leben nicht auf den ersten Blick erkennen können, was Wahrheit ist und was nicht.

Barmherzigkeit in diesem Chakra heißt: Durch klare Sichtweise alles verstehen. Wir schauen mit drei Augen! Den beiden irdischen und dem Himmelsspiegel, der auch das Symbol für das dritte Auge ist. Damit lernen wir eine intensivere Wahrnehmung, besonders der feinstofflichen Gegebenheiten, Geschöpfe oder Energien.

Der Engel geleitet uns dann sicher durch die Possenspiele der Illusionswesen und wir können mit unserer erworbenen Weisheit die Wahrheit sehen. Denn wir sollten uns hüten vor den Illusionswelten, die uns vom klaren Weg der Bewusstwerdung abbringen wollen und können.

Die Väterlichkeit Hiroels ist Gleichmut und Beständigkeit. Gleichmut im Umgang mit Freud und Leid, mit Höhen und Tiefen im Leben, aber auch Beständigkeit in allen Tugenden.

Im Stirnchakra sammeln wir mit den Engeln unsere bisher gemachten Erfahrungen aus den anderen Chakren. Wir schauen bewusst auf die polaren Energien, die wir im Kehlkopfchakra mit Unterstützung von Khamaji mit der neutralen Kraft zusammengeführt haben. Dadurch wird es möglich, unser emotionales Bauchgefühl, das Herzenswissen und den nüchternen Verstand zu vereinen und alle drei Vorgehensweisen bewusst und weise zu nutzen für uns und andere Wesen. Seien wir uns klar über die hohe Verantwortung, die wir haben, wenn wir mit anderen Geschöpfen arbeiten.

Scheitelchakra/sechste Etage
Hier finden wir unsere Spiritualität vereint mit Bauchgefühl, Herzenswissenschaft, Persönlichkeit und Verstand wieder. Die Wurzeln haben wir im Wurzelchakra bekommen und im Scheitel-Kronen-Chakra bekommen wir die Flügel. Der Engel Isael lehrt uns das Fliegen und die Schwerelosigkeit.

Wir können uns dieses Chakra u.a. wie eine Klappe vorstellen, die wir selbst öffnen oder schließen können. Aus den höheren Welten werden wir durch diese Öffnung mit ständig frischer, neuer Lebensenergie versorgt. Und wenn wir im Körper zuviel Druck verspüren, bemerkbar zum Beispiel an zu hohem Blutdruck, dann öffnen wir vorstellungsmäßig die Klappe auf unserem Scheitel und lassen den Druck entweichen. Denn dieser Überdruck des Blutes ist unter Umständen zuviel gestaute Energie, sie muss abgeleitet werden - auch ein geistig – spiritueller Vorgang. Das erspart uns aber nicht die ärztliche Untersuchung!

Der enorme Druck will uns zeigen, dass wir im Leben achtsamer sein sollten. Es empfiehlt sich auch, langsamer, gemütlicher zu leben. Ein Freund sagt dazu in seinem Buch *Such dir deinen Himmel*: »Wir sollten unser Leben entschleunigen«.

Wir haben die Verantwortung für uns, unsere Gesundheit, unser Wohlbefinden, unser Heil-Werden. Geben wir sie nicht ab, nehmen wir die darin liegenden Chancen wahr! Teilen wir die Verantwortung mit den Engeln, die uns das benötigte Gottvertrauen dafür schenken.

»Der Mensch denkt, Gott lenkt.« Wenn das zu einer Einheit wird, haben wir den Sinn unserer Reise durch die Chakren und das Kennen lernen der Engel begriffen. Wir erfahren, dass der Körper unser Haus ist, in dem unsere Seele wohnt und der göttliche Funke glüht.

Durch den Adler-Engel haben wir die direkte und bewusste Verbindung zur göttlichen Ebene, die wir nun auch nervlich aushalten können. Engel sind spirituelle Lehrer, Führer und Gefährten aber zugleich auch Freunde.

Buddha-Engel/siebte Etage
Anbindung an die kosmischen, göttlichen Energien.

Warum *Buddha-Engel*? Buddha, ein sehr hoher Eingeweihter aus dem östlich-buddhistischen Kulturkreis und Engel, Boten Gottes aus dem westlich-christlichen Kulturkreis.

Beide sind Wesen mit »helfenden Händen« und vertrauenswürdige Freunde, die unermüdlich um die Weiter- und Höherentwicklung der Menschheit bemüht sind.

Sie zeigen uns die Schönheit der Erde und anderer Planeten, aber sie warnen auch vor den Versuchungen eines Lebens ausschließlich in der Materie.

Buddha, Engel, Jesus, Jehova, Allah, Manitu, Krishna, einige Devas und Naturgeister, viele Heilige, Hüter der Strahlen, unsere eigene Seele oder das höhere Selbst und viele mehr führen uns, wenn wir es ernsthaft anstreben, auf den Weg zur wirklichen Gott-Erfahrung.

Behutsam, mit unendlicher Geduld lassen sie uns lernen, wenn es sein muss auch durch Fehler und andere schmerzhafte Geschehnisse. Die feinstofflichen Helferfreunde führen uns in bestimmte Situationen, damit wir lernen, dass außer der dichten, stofflichen Materie der Erde auch noch andere Welten, Zustände, Wesen und Körper existieren. Beides, Stofflichkeit und Feinstofflichkeit gehören zur ganzheitlichen Sichtweise dazu. Ohne Seele kein Körper, aber ohne Körper auch keine Manifestation des Geistes und ohne Seele keine Ausdrucksmöglichkeit für den Geist.

Haben wir uns und unsere Aufgaben erkannt und vieles aufgearbeitet, leuchtet das Licht der geistigen Welten sichtbar. Wir erheben uns aus dem Staub und fliegen in die Einheit von »Allem, was ist«. Wir finden und erkennen Gott!

MEDITATIONS-ANREGUNGEN ZU DEN CHAKREN-ENGELN, GLÜCKS-ENGEL UND DEM ÜBERGANGSENGEL

Vorbereitung der Meditation für alle Chakren-Engel
Nachdem wir für ein paar Minuten das Fenster geöffnet haben und frische Luft hereingeströmt ist, setzen wir uns mit geradem Rücken entspannt auf ein Meditationskissen oder einen Stuhl. Wir können auch im Schneider- oder Lotossitz Platz nehmen, das bleibt jedem selbst überlassen. Wünschenswert ist, dass wir entspannt und bequem sitzen.

Vor uns liegt die Engel-Karte des jeweiligen Chakras. Wir konzentrieren uns auf die Atmung, atmen ruhig und gleichmäßig ein und aus.

Der reine Luftstrom erfrischt unsere Lungen, der Brustkorb hebt und senkt sich in regelmäßigen Abständen. Wir lassen die Atmung tiefer sinken und atmen in den Bauch. Er wölbt sich nach außen beim Einatmen und zieht sich zusammen beim Ausatmen. Das beobachten wir eine Weile und werden ganz ruhig. Mit jedem Atemzug sinken wir etwas tiefer in uns hinein. Schicht für Schicht, Stufe um Stufe.

Dann schauen wir eine Weile intensiv auf die Engelkarte, bis die Augen tränen, dann schließen wir sie – und nehmen das Bild des Engels mit in unser Innerstes.

Verschiedene Meditationsvorschläge

Saamis, Engel des Wurzelchakras
Hier bitten wir *Saamis* um Führung durch das Wurzelchakra und gehen in unserer Vorstellung eine Kellertreppe hinunter, ganz bewusst Stufe für Stufe:

Wir fühlen zum unteren Ende der Wirbelsäule hin und atmen in das Steißbein, von dort in die Beine und Füße. Real spüren wir den leichten Wind des Atems in unseren Venen und in allen kleinen Verästelungen der Adern. Wir stellen uns vor, sie werden frei von eventuell vorhandenen Schlacken und anderen Verstopfungen. Dies visualisieren wir mit dem Sauerstoff, der durch den Atem in das Blut transportiert wird. Wenn die Fußsohlen mit leichtem Druck reagieren, dann wissen wir, dass wir richtig angekommen sind. Zart wie eine Feder massiert der Atemwind unsere Füße. Überlassen wir uns dieser Empfindung und genießen sie. Anschließend werden wir so locker und durchlässig sein, dass wir mühelos von den Fußsohlen in den Erdboden gleiten können. Es wachsen uns kleine Würzelchen, dann dickere und festere Wurzeln, und wir verankern uns sicher in Gaia, Mutter Erde. Gaia und Saamis sind befreundet und in ständigem Kontakt und Austausch. Sie beide geben uns Halt in den Stürmen des Lebens. Wir vertrauen ihnen und geben uns hin wie ein junger Baum dem Wind. Dann lassen wir den Atem wieder höher steigen, den Beinen entlang bis in unser Steißbein hinein.

Wir gelangen in eine warme Höhle mit schwachem, rötlichen Lichtschein. Angenehme Stille umfängt uns. Ist die Höhle voll gestopft mit zerkratzten Möbelstücken, alten Zeitungen, Beziehungsketten und sonstigen Dingen, die wir nicht sofort auf den ersten Blick erkennen können?

Was liegt hier verborgen? Wir werden still in unserem Geist, die Gedanken beruhigen sich. Wir lassen die Bilder und Empfindungen in uns aufsteigen ohne zu analysieren.

Erleben wir Schutz, neue Möglichkeiten, religiösen Glauben, Freundschaften, Unterstützung von der Familie? Begegnen wir unserem Schatten oder im Unterbewusstsein schlummernden Erlebnissen?

Alles schauen wir uns aufmerksam an und fühlen uns nun geborgen in der Kraft des Wurzelchakras. Die angenehmen Wahrnehmungen geben uns ein Gefühl des Wohlbehagens und die unangenehmen werden uns den Impuls und den Antrieb für eine Veränderung mitbringen.

Nach ca. einer halben Stunde stellen wir uns vor, dass wir eine schmale Kellertreppe hinaufgehen - langsam, Stufe um Stufe. Wir öffnen jetzt wieder die Augen, schauen die Karte des Engels *Saamis* an und danken ihm für seinen Beistand. Die laut gesprochene oder gedanklich formulierte Affirmation ist:

»*Ich bin frisch, wissensdurstig und sehr lebendig.*«

Harachakra-Engel:
Einatmen – ausatmen. Der kostbare Atem fließt ruhig und gleichmäßig. Mit jedem Zug stellen wir uns frische Lebenskraft vor, die in unseren Körper strömt.

Einatmen – ausatmen, im gleichmäßigem Wechsel. Wir sprechen nun meditativ den Hara-Engel an und er wird sich uns zuwenden.

Ob uns der Engel seinen Namen sagt? Fragen wir ihn!

Auf den ersten Blick macht er einen scheuen, zurückhaltenden Eindruck. Jedoch wenn wir uns wahrhaftig zeigen, verschenkt er seine drei besonderen Liebesgaben an uns: Glauben, Wollen, Handeln. Damit besitzen wir die Schlüssel zu weiteren Erkenntnistüren.

Seine leuchtenden Farben berauschen uns förmlich, der dreigestaltige Engelskörper weckt die Entdeckerfreude. Seine linke Seite strahlt blaues und die rechte Seite rotes Licht in die Welt. Rot als Symbol der Yang-Sonnenkraft und Blau für die Yin-Mondenergie.

Die Fülle dieser Eindrücke begeistert uns. Vertiefen wir uns in diesen geheimnisvollen Engel. Welche Gedanken kommen uns beim Betrachten der rotblauen Gestalt? Welche Bilder, Gefühle oder Gedanken erscheinen, wenn wir uns mit der Sonnenkraft und der Mondenergie beschäftigen?

Können wir die zwei Energieströme bemerken? Der rote, pulsierende Strom der Sonnenkraft und der blau schimmernde, schlängelnde Fluss der Mondkraft?

Begeben wir uns mutig zum Bade in den Sonnenfluss.

Rotes Licht umspült uns. Es prickelt auf der Haut und belebt den ganzen Organismus. Wir werden hellwach, energiegeladen und fühlen uns aktiv. Wir könnten »Bäume pflanzen«.

Welche Empfindungen, Gedanken oder andere Sinneseindrücke ziehen noch durch unseren Körper? Was bedeutet männliche Kraft? Spüren wir ihr hinterher ...

Begeben wir uns nun ebenfalls mutig zum Bad in den Strom des Mondes. Blaues Licht umschmeichelt uns. Es massiert ganz sanft unsere Haut, wir werden schläfrig und können ganz und gar entspannen. Die blauen Mondwellen schaukeln uns in Trance, unsere Intuition erwacht. Wir werden sicherer beim Hören auf die innere Stimme und fühlen uns angenehm passiv, empfangend. Wir könnten »die Fliege an der Wand hören und mit Bäumen sprechen«.

Welche Empfindungen, Gedanken oder andere Sinneseindrücke ziehen noch durch unseren Körper? Was bedeutet weibliche Kraft? Spüren wir ihr hinterher ...

Wir finden die Energie von Sonne und Mond in unserer Wirbelsäule. Fühlen wir dorthin. Registrieren wir, wie diese gewaltigen Kräfte in uns fließen. Ganz vom Willen des Schöpfers gesteuert, beschützt vom Hara-Engel, auch ohne unsere bewusste Aufmerksamkeit, helfen sie, Körper, Geist und Seele gesund zu erhalten.

Noch besser können wir allerdings unsere gezielte Aufmerksamkeit auf diese Kräfte richten, wenn wir die Basis im Wurzelchakra gebaut haben und die starke Sehnsucht nach dem Geheimnis der Schöpfung in uns brennt. Fragen wir den Engel und überlassen wir ihm den Zeitpunkt, wann wir wirklich bereit sind und unser Sehnen gestillt werden kann.

Er hat sich uns ja schon zugewendet und wir versuchen, durch die Strahlen von Sonne und Mond einen Blick auf sein Gesicht zu erhaschen.

Was sehen wir?

Fühlen wir seine Ausstrahlung der Kraft und Güte? Wenn es unser innigster Wunsch ist, können wir ihn jetzt bitten, uns noch in dieser Inkarnation mit unserem Seelenpartner zusammen zu führen. Dazu formulieren wir den Wunsch ganz präzise und stellen uns den Hara-Partner vor, wie wir ihn uns erträumen. Bleiben wir eine Weile bei dieser Vorstellung. Uns sollte klar sein, dass ein Hara-Partner in erster Linie ein Partner für den geistigen, spirituellen Schöpfungsakt ist. Sonne umarmt Mond! Ein alchemistischer Prozess. Fühlen wir uns dazu reif genug?

Seien wir vorsichtig und gehen sorgfältig mit unseren Vorstellungen und Wünschen um, denn sie könnten in Erfüllung gehen. Der *Hara-Engel* wird uns bei der Suche nach unserem Seelenpartner unterstützen. Wenden wir uns an ihn. Die laut gesprochene oder gedanklich formulierte Affirmation ist:

»*Ich bin bereit, meinen Seelenpartner zu treffen.*«

Nassra, Engel des Nabelchakras:
Hier bitten wir Nassra um Beistand während unserer Erforschung des Nabelchakras. Wir atmen in den Bereich unseres Körpers, der sich bis zwei Finger breit unter unserem körperlichen Nabel befindet. Hier ist die Öffnung des Chakras, von der die energetische Verbindung zur Wirbelsäule ausgeht.

Wir atmen nun bewusst in den Raum dazwischen, in unseren Bauchraum.

Ein großer runder Saal rückt in unser Blickfeld. Es ist eher ein Pavillon mit Fenstern, die bis zum Boden reichen. An der linken Seite des Blickfeldes steht ein Brunnen, er fasst eine Quelle mit blauem Wasser ein. Wasser ist das Element des Westens, der Intuition, der Weiblichkeit. Fühlen wir uns ganz in diese Energie ein. Was sehen wir für Bilder, welche Empfindungen steigen in uns hoch, wo waren die erfüllenden Partnerschaften und Freundschaften und wo die unbefriedigenden? Schauen, hören und fühlen wir genau hin. Wie sehen unsere Vorstellungen von Weiblichkeit aus? Leben wir unsere weibliche Sexualität? Auch in energetischen Bereichen? Bereiten uns Empfangen und Annehmen Probleme? Diese Fragen gelten für Frauen wie für Männer gleichermaßen! Nehmen wir uns die Zeit, die wir brauchen, um klare Empfindungen und Eingebungen zu bekommen.

In der rechten Seite des Raumes steht ein großer Kessel mit rot leuchtenden Flammen. Feuer ist das Element des Südens, der Dynamik, der Männlichkeit. Tauchen wir ganz in diese Energie ein.

Erscheinen nun Bilder? Haben wir Gefühlseindrücke? Wo waren die begeisternden Freundschaften und Partnerschaften und wo die schwächenden?

Sehen wir genau hin, hören und fühlen wir mit ganzem Elan. Was haben wir für Vorstellungen von Männlichkeit? Leben wir unsere männliche Sexualität? Auch Frauen haben sie im energetischen Bereich. Bereiten Abgeben und Verschenken Schwierigkeiten? Diese Fragen gelten für Frauen wie für Männer gleichermaßen!

Ausgeglichenheit besteht nur im gleichmäßigen Wechsel zwischen geben und nehmen, zwischen tun und geschehen lassen! Fühlen wir hier auch einmal mit unserem Bauchgefühl hinein.

Was würden wir liebend gern bekommen und was bereitwillig verschenken? Welche Dinge möchten wir auf keinen Fall in unserer Nähe haben und welche würden uns große Freude und Befriedigung bereiten?

Die Fenster des Pavillons sind weit geöffnet und wir sind bereit für Außenkontakte. Wen würden wir gern einmal einladen, mit wem haben wir freudig Kontakt? Wen wünschen wir weit weg von uns?

Haben wir stabile, vertrauensvolle Freundschaften und Partnerschaften? Fühlen wir uns in diese Frage ein. Nehmen wir uns die Zeit, imaginär in den Armen unseres Partners, unserer Partnerin, unseres Freundes oder unserer Freundin oder sogar in den Armen des Engels zu ruhen. Fühlen wir die Kraft dieser heilsamen Berührung. Die gegenpoligen Energien Wasser und Feuer berühren sich in Harmonie.

Das gibt uns den Antrieb, unsere Beziehungen bewusst zu sehen, sie anzunehmen, wenn sie beglückend sind und uns davon zu trennen, wenn sie belastend sind. Sehen wir das noch nicht klar, fragen wir den Engel *Nassra*.

Nach ca. einer halben Stunde stellen wir uns vor, dass wir den Pavillon verlassen und durch die verschiedenen Aufmerksamkeitsschichten wieder in den Bauchraum gehen, die Atmung fühlen und langsam die Augen öffnen. Die laut gesprochene oder gedanklich formulierte Affirmation ist:

»Ich bin ausgeglichen und fühle mich geborgen in der Liebe (meines Mannes, meiner Frau, Freundes oder Freundin, Partners, Partnerin oder meines Engels)«. Was in der Klammer steht, wird so eingesetzt, dass es für die individuelle Situation passt.

Solaris, Engel des Solarplexus-Chakras:
Da die Chakren bis zum Kehlkopf alle ihren Ursprung in der Wirbelsäule besitzen und ihre Öffnungen wie Blüten an der Vorderseite unseres Körpers angeordnet sind, befindet sich die Blüte des Solarplexus zwischen oberem Magen und unterem Brustbereich, ungefähr dort, wo die Rippenbögen ihre Rundung haben. Entsprechend dahinter, am Rücken, erahnen wir den Raum dieser Energie.

Im Solarplexuschakra, auch Sonnengeflecht genannt, hütet Solaris diese speziellen Energien. Wir bitten diesen Achtung gebietenden Engel um Unterstützung beim Ergründen des Sonnenchakras.

Zielgerichtet atmen wir in die Blütenöffnung und in die Verbindung zur Wirbelsäule und schließen die Augen. Jeder Atemzug erschafft eine Art Nabelschnur zum Ziel unserer Aufmerksamkeit. Tiefer und tiefer atmen und fühlen wir uns in die Ebenen des Solarplexus ein. Die wertvolle Präsenz des Engels ist gut zu spüren und so können wir ohne Angst unser Alltagsbewusstsein loslassen und in die innere Versenkung gehen. Visualisieren und zentrieren wir z.B. unsere Wünsche im Solarplexus. Der Wunsch wird zum Willen. Können wir mit den Konsequenzen leben, wenn Wünsche in Erfüllung gehen? Sehen wir unsere Verantwortung? Ist der Wunsch wirklich wichtig und fügt niemandem Schaden zu?

Beleuchten wir jeden Wunschgedanken mit dem Licht der feurigen Sonne des klaren Geistes.

Die Weite dieses Chakren-Raumes erschreckt uns ein wenig. Gleißend hell ergießt sich verschwenderisch das Licht der Sonne. So eine Kraftquelle existiert in uns?

Staunend erleben wir die rein männliche Energie, das machtvolle: »Ich bin.« Wie sieht es mit unserem persönlichen »Ich bin« aus? Achten und mögen wir uns? Wer sind wir? Was macht uns liebenswert? Wo, wann und mit welcher Eigenschaft oder Handlung flößen wir anderen Menschen Respekt oder gar Angst ein? Gibt es solche Situationen?

Wir entdecken auch das Mut-Zentrum. Mut zum Abenteuer im Leben, Mut zum Fehler machen, zum Schwäche zeigen und auch Mut für eigenverantwortliches Handeln. Wenn wir uns selbst achten, können wir uns auch selbst verantwortlich fühlen. Das beinhaltet, dass Fehler eingestanden und wieder gut gemacht werden können.

Um dieser Aufgabe, die auf dem Seelenweg unerlässlich ist, gerecht zu werden, möchte uns *Solaris* helfen.

Welche Visionen steigen jetzt in uns auf? Sehen wir, dass die Achtung unseres Selbst mehr ein Annehmen unserer geistigen Kräfte ist als eine übertriebene Aufmerksamkeit der körperlichen Vorzüge? Die Yang-Energie in geistigen Prozessen wird als männliche Kraft oft mit dem Verstand gleichgesetzt, aber das ist nur ein Teil von ihr. Sie nur auf diesen Aspekt zu reduzieren wäre vermessen. Die männlich–dynamische Energie bewegt Welten!

Was fühlen wir in dieser Yang-Vitalität? Welche Zeichen und Bilder erscheinen vor unseren inneren Augen? Es kann jetzt durchaus geschehen, dass wir die imposante Erscheinung von *Solaris* erblicken. Er nimmt uns die Angst, wirft uns auf uns selbst zurück und wir stellen uns der Frage: »Mögen, akzeptieren wir uns oder lehnen wir uns eher ab?« *Solaris* schenkt Stärke zu jeder Entscheidung, die im Leben zu fällen ist.

Stellen wir nicht das eigene Licht unter den Tisch, lassen wir es selbstbewusst leuchten! Schauen wir nicht immer darauf, was die Anderen leisten, hören wir nicht mehr in erster Linie darauf, was andere Menschen sagen, finden wir zu unserem Selbst! Verlassen wir uns auf die eigene, innere, starke Stimme. Welche Gefühle steigen jetzt in uns auf?

Wissen wir nun, dass wir Vertrauen in die eigene Persönlichkeit besitzen können? Wissen ist Yang, Glauben ist Yin und wir bringen die Kräfte zusammen. Bevor wir zu Wissen gelangen, sollten wir eine Vorstellung davon haben, was wir wissen möchten. Oft stabilisiert sich Glaube im Laufe der Zeit zu Wissen.

Was sehen wir? Zwei Flüsse fließen gleichberechtigt, ohne sich zu berühren, nebeneinander her. Die Sehnsucht nach bewusster geistiger Vereinigung flammt gewaltig auf. Sie wärmt uns und wir erlangen die Macht zu eigenständigem Wollen. Wir bleiben eine Weile in dieser feurigen männlichen Yang-Energie, die den Drang verspürt, die Yin- Kraft kennen zu lernen und mit ihr zu verschmelzen.

Die mächtigen Ströme sind die Kraft, die Spannung bringt und das vibrierende Leben. Spüren wir das? Wir sind eine neue, leuchtende Persönlichkeit geworden. Die Sonne erhellt die inneren Fähigkeiten. Wenn wir sehr viel von der Sonnenkraft gespeichert haben, können wir sie anderen Menschen, die körperlich oder geistig kränkeln, übertragen. Auch den Pflanzen und Tieren können wir sie zur Verfügung stellen.

Dadurch werden die Selbstheilungskräfte des Organismus aktiviert. Eine der grundlegenden Eigenschaften alles Lebenden ist die Regenerationsfähigkeit.

Schauen wir uns an, wie *Solaris* das gemeint hat. Er vermittelt uns bildlich einen Eindruck von heilenden Händen und gibt uns erklärende Gedanken dazu ein.

Beim spirituellen, geistigen Heilen: Von der Sonne hinter der Sonne strömt die Heilkraft durch das Scheitelchakra. Kurz bevor sie unseren Scheitelpunkt erreicht, wird sie auf ein für Menschen erträgliches Maß abgemildert. Auch dafür setzt sich *Solaris* ein.

Dann kann sie gefahrlos in unser Herz fließen, dort zusätzlich noch angereichert werden mit unserer Liebe und von dort in die Hände fließen. Durch die Hände strömt die Energie gleichmäßig weiter in den Körper, in den wir die spirituelle Heilkraft übertragen möchten. Beide Hände werden während der Arbeit heiß, pulsieren heftig, unser Geist ist sehr rege und agil.

Wenn alles abebbt, dann sollten wir die Übertragung beenden, sonst entzieht sie uns die eigene Energie.

Wir befinden uns während dieser Energiearbeit in der Meditation auf der Alpha-Ebene. Das heißt, wir sind nicht mehr im Tagesbewusstsein, können aber aktiv feinstoffliche Kräfte lenken und mit Engeln Kontakt aufnehmen.

Fühlen wir tief in die Heilkraft hinein, die von der Sonne in uns hineinfließt wie ein steter belebender Wasserfall. Ganz heil, gesund und munter werden wir. Es geht uns ausgesprochen gut. Verweilen wir in diesem wohligen, sicheren Gefühl.

Nach ca. einer halben bis dreiviertel Stunde ziehen wir unsere Achtsamkeit aus dem Solarplexus zurück und schenken unsere Aufmerksamkeit wieder dem Tagesgeschehen. Unser Atem füllt in schöner Regelmäßigkeit die Lungen. Dabei atmen wir automatisch die Sonnenkraft zur Erde. Wir öffnen die Augen, steigen aus den inneren Welten hinaus in die äußere Alltagswelt herein. Die laut gesprochene oder gedanklich formulierte Affirmation ist:

»*Fröhlich, stark und selbstbewusst ergreife ich mit Begeisterung und Tatendrang alle Lebensaufgaben.*«

Elochiel, Engel des irdischen Herz-Chakras:
Das irdische Herzchakra finden wir dort, wo unser Herz schlägt. Wir atmen tief und konzentriert bis in den Bauch hinein. Alle Aufregung und die Hektik des Alltages fallen von uns ab. Wir atmen in den Herzraum unseres Körpers.

Die Türen des Raumes öffnen sich bei jedem Herzschlag einladend. Wir reiten auf dem Atem des Lebens hinein. Eine Welt in Rosa und zartem Grün empfängt uns und eine Welle von Wohlbehagen fließt uns entgegen. Hier wohnt und wirkt der Engel Elochiel.

Wir richten uns ein Zimmer im Herzen* nach unseren persönlichen Vorstellungen ein. Visualisieren wir unsere Wünsche, wie das Zimmer im Herz aussehen soll:

Wir sehen einen großen oder kleinen Raum, rund, dreieckig, oval, quadratisch oder rechteckig. Wir können ihm jede Form geben, die uns gefällt. Mit den Farben der Wände ist es genauso.

---

* Buch: Steine, Bäume, Menschenträume

Wir stellen uns die Farben vor, die wir besonders mögen. Schließlich geht es um das ganz persönliche Wohlbefinden. Die Wände können auch mit Stoff, Holz, Kork oder ähnlichem verkleidet werden.

Auf dem Boden lassen wir einen kuscheligen Teppich, ein sanft schimmerndes Holzparkett oder kühle Natursteine entstehen, oder eine Wiese wachsen, oder ...

Danach überlegen wir, ob wir Möbel hineinstellen oder das Zimmer lieber leer lassen möchten. Vielleicht erfreut uns ja auch eine Hängematte zwischen zwei Bäumen? Hören wir Vogelgezwitscher, unsere Lieblingsmusik oder Stille?

Der Duft von frischer Walderde, das Aroma eines Duftöles oder von Blumen zieht durch das Herzenszimmer.

Das Wichtigste ist die Gemütlichkeit und das persönliche Wohlbehagen, der Fantasie sind keine Grenzen gesetzt. Das ist unser ureigenster Raum, unsere Höhle oder Dachterrasse zum »nach Hause kommen« und Ausruhen.

Bemerken wir vielleicht zum ersten Mal, wie schön es bei uns ist? Bleiben wir solange, wie wir die Konzentration aufrechterhalten können. Diesen Herzensraum brauchen wir nur einmal einzurichten, es sei denn, wir möchten ihn umgestalten. Zum Wohlfühlen, Ausruhen und um neue Kraft zu tanken, brauchen wir uns nur jedes weitere Mal das Herzenszimmer vorzustellen und schnell wie der Wind sind wir dort. Es kann zu einer Begegnungsstätte mit dem Engel *Elochiel* werden.

Bereitwillig zeigt er uns sein Reich, in dem selbstverständlich die Liebe vorherrscht.

Stellen wir uns vor, wie der Engel und wir zusammen im Herzenszimmer sitzen. Was tun wir dort? Wie fühlen wir uns jetzt? Spüren wir genau hin. Wir können *Elochiel* zuversichtlich alle Fragen stellen, die uns bewegen. Eine Frage könnte sein: Was ist Liebe? Horchen wir in uns hinein, sind wir bereit für die Liebe? Die Liebe zu uns selbst, zu unserem Leben, zu unseren Träumen, zu unseren Freunden und sogar zu unseren Feinden?

Was bedeutet Liebe für uns? Welche Emotionen ranken sich darum? Spüren wir diesen Gedanken in aller Ruhe hinterher.

Im irdischen Herzen wohnen die weiblichen Empfindungen, die positiven wie auch die negativen. Welche davon fallen uns spontan ein? Gibt es Möglichkeiten zum Ausgleich der negativen und uns schwächenden Empfindungen? Was fühlen wir in der reinen Yin-Qualität? Erkennen wir das weibliche Selbstbewusstsein? Die Yin-Kraft hält Welten zusammen! Welche Bilder erscheinen vor unseren geschlossenen Augen?

Irdische Liebe in ihrer reinen Form ist Hingabe. Es kann eine Verliebtheit zu einem Menschen sein, ein Mutter- oder Vatergefühl zu Kindern oder kleinen Tieren, auch zu allen hilflosen Wesen. Es kann magnetische Liebe sein, wenn wir auf ein emotional passendes Gegenüber treffen u.v.m. Die Spiel- und Erscheinungsarten der Liebe sind so zahlreich wie die Sterne am Himmel. Lauschen wir tief in unser Herz hinein: Was verbinden wir mit Liebe? Welche letzte positive Erfahrung hatten wir?

Geben wir uns der Wärme des Entzückens hin. Bleiben wir eine Weile in diesem Zustand und spüren den Schutz des Engels. Wir lernen: Zur Liebe gehören mindestens zwei Wesen. Einer, der liebt und ein Gegenüber, das geliebt wird.

Beide Kräfte sind so stark, dass sie wie Magnete zueinander streben. Der Liebe zur Seite geht oft auch ein individuelles Schönheitsempfinden. Liebe zur Schönheit einer erblühten Rose, Zuneigung zu einem bestimmten Baum, ein Faible für schöne Musik, Malerei, Bücher und Engel. Auch Freude an den auffallenden Schönheiten der Natur z. B. an einem Sonnenauf- oder -untergang, ebenso an einem schönen Menschen.

Die wunder-volle Engelkarte spricht auch unser Schönheitsgefühl an und zu dem Engel verspüren wir Vertrauen und Liebe.

Fühlen wir uns ein und lassen alle Gedanken los. Erahnen wir die schützende Energie *Elochiels*.

Nach ca. einer dreiviertel Stunde verlassen wir unser Herzenszimmer und jeder Atemzug bringt uns Zug um Zug wieder in das Tagesgeschehen. Die Bereitschaft zu lieben und vertrauensvoll Liebe anzunehmen, nehmen wir mit in den Alltag. Sicher werden wir viele Menschen mit unserer positiven liebevollen Ausstrahlung erfreuen. Die laut gesprochene oder gedanklich formulierte Affirmation ist:

»Ich bin bereit für Liebe und Schönheit.«

Elseelias, Engel des mystischen Herzchakras:
Sanft atmen wir die Luft in die Lungen, in den Magen und weiter in den Bauchraum. Das Atmen ist eine Welle und veranlasst den Bauch, wie eine Woge auf und ab zu schwingen. Berg und Tal, Berg und Tal ...
Die Gleichmäßigkeit beschert innere Ruhe. Genau auf der Höhe des irdischen Herzens in der Mitte der Brust befindet sich das mystische Herz. Wir fühlen nun hinein und sinken in eine unglaubliche Weichheit. Ein Gefühl unendlicher Güte umgibt uns wie ein schützender Mantel. Wir genießen es eine Weile.
Der Engel *Elseelias* nimmt unsere Hand und führt uns weiter in einen hell leuchtenden Raum, in dem dunkles Rosa die dominierende Farbe zu sein scheint. Diese Farbe ist das Symbol für erhöhte Sensibilität. Wie empfinden wir das? Welche Bilder tauchen auf? Durchzieht uns eine Ahnung von göttlicher Kraft? Wollen wir ein spirituelles Leben, geprägt von tiefem Mitgefühl, von Güte, die nichts zurück erwartet, von uneigennütziger Liebe, geistiger Schönheit und Gottverbundenheit? Sehnen wir uns nach Mythen, Legenden und Mystik? Gönnen wir uns die Zeit, die wir brauchen, um diese Fragen intuitiv zu beantworten und die aufflackernden Bilder einzuordnen.
Ein spirituelles Leben, was ist das? Bin ich dann abgehoben von der Normalität? Das muss nicht sein. Wenn wir unsere Wurzeln verankert haben, können wir unbesorgt fliegen.
Dann gibt uns ein spirituelles Leben die Kraft für das Urvertrauen zurück, das Zutrauen, dass alles gut ist, so wie es geschieht. Auch Zuversicht auf Heilung und gütiges Verständnis für alle Fehler, die im Leben gemacht werden können, erhalten wir.
Verständnis ist allerdings nicht immer gleichbedeutend mit gutheißen! Haben wir dies schon einmal erlebt? Wie haben wir uns verhalten? Waren wir verständnisvoll ohne Überheblichkeit?

Je unkonditionierter wir sind, desto mehr echtes Verständnis können wir aufbringen. Wenn wir die Sicherheit unserer Verwurzelung im Wurzelchakra fühlen und die Gaben der anderen Chakra-Engel erhalten haben, dann ist eine Konditionierung überflüssig, gar störend. Verabschieden wir uns in aller Liebe von Vorurteilen, denn sie behindern unsere ganzheitliche und weite Sichtweise. Und das möchte *Elseelias* lehren: die ganzheitliche liebevolle Sichtweise!

Das heißt, die Erfahrungen des persönlichen Erdenlebens verbunden mit der Intuition unserer Gefühlswelt unter Einbeziehung spiritueller und mystischer Erfahrungen. Das zu vereinen ist eine der Aufgaben von *Elseelias*. Lassen wir dies in uns nachklingen und das menschliche Herz erfreuen.

Nach ca. einer dreiviertel bis einer Stunde bemerken wir die Atmung wieder. Sie strömt - aufgeladen mit Lebenskraft - in uns hinein und nimmt verbrauchte Luft und Giftstoffe wieder mit heraus. Atmen wir bewusst!

Wenn wir glauben, genug Lebenskraft erhalten zu haben, öffnen wir die Augen. Wir sind gestärkt von der Erkenntnis der uneigennützigen Liebe und ein neuer Tatendrang weht wie eine frische Brise in uns. Wir freuen uns darauf, die ganzheitliche Sichtweise zu erwerben aus uns selbst heraus. Den Mut dafür, der aus Kraft und Liebe kommt, haben wir bekommen. Die laut gesprochene oder gedanklich formulierte Affirmation ist:

»Ich bin herzlich, intuitiv und voller Lebenskraft«.

Khamaji, der Engel des Kehlkopfchakras:
Wie schon bekannt, atmen wir ruhig und gelassen ein und aus, von der Brust in den Bauch. Ist eine Weile so vergangen, atmen wir in den Kehlkopf. Ein letzter Blick noch auf die Engelkarte, dann schließen wir die Augen und nehmen das Bild des Engels mit ins Innerste und bitten *Khamaji*, unseren Besuch des Kehlkopfchakras zu unterstützen. Sein aufmunterndes Lächeln erfüllt uns mit Entschlossenheit und Vertrauen, die geistige Geburt von den überwiegend stofflichen Welten in die höheren geistigen Welten zu wagen.

Wir erblicken einen Tunnel mit dunkler Öffnung und gehen auf ihn zu. Neben dem Eingang steht ein Wegweiser und darauf steht: »Veränderung«. Wollen wir das wirklich? Welche Bilder erscheinen vor unseren Augen? Bringen sie eher Angst oder überwiegt die Freude am Abenteuer »Selbsterkenntnis«? Ja, wir wollen uns verändern!

Weiter schreiten wir mutig in den Tunnel hinein. Er ist gar nicht so dunkel, wie er auf den ersten Blick aussah. Es ist auch nicht kalt oder sonst irgendwie unangenehm. In der sich leicht verengenden Mitte angelangt stehen wir jäh und unvorbereitet in hellem türkisfarbenen Licht. Alle Ängste, Vorurteile, Schmerzen, Verletzungen, Krankheiten, Kleinlichkeiten, Neid, Kränkungen und sämtliche irgendwann und irgendwo gespeicherten negativen Dinge fallen von uns ab wie ein alter Umhang.

Was fühlen wir jetzt? Erleichterung? Schwerelosigkeit? Bleiben wir ein wenig in dieser schönen Schwingung. Dann gehen wir weiter, leicht und beschwingt in einen weiten, festlich geschmückten Raum hinein.

Hier sind wir die Hauptperson einer Hochzeit. Die Braut und der Bräutigam haben nur Augen füreinander und halten sich an den Händen. Ihre prächtigen Kleider rascheln leise bei jeder Bewegung. Die Frau trägt an ihrem linken Handgelenk ein Schlangenarmband, die Augen des Tieres sind blaue Saphire. Der Mann hat sein Schlangenarmband am rechten Handgelenk. Große Rubine leuchten hier als Augen des Tieres.

Sind wir die Braut, ersehnen wir den Bräutigam, sind wir der Bräutigam, ersehnen wir die Braut. Das Yin fließt mit dem Yang und der persönlichen Kraft der Seelen zusammen! Der Blitz des geistigen Vereinigungsaktes befreit uns von alten Mustern und angehäuften Konditionierungen, die sich in diesem Chakra manifestiert hatten. Nun können wir die Wirklichkeit ganzheitlich erfassen.

Was bedeutet uns das? Wo setzen wir unsere neue Sichtweise ein? Bleiben wir eine Weile ganz in diesen Gedanken.

Zu einem neuen ganzheitlichen Leben gehört die eigene Reinigung von Schlacken und Ablagerungen genauso wie die Verbindung der polaren Kräfte mit der neutralen Kraft. Wir fühlen in uns die starken vereinten Ströme. Sie sind durch die Vermählung zu einer einzigen Kraft geworden. Dadurch werden wir Herr und Herrin all unserer Empfindungen, wir schöpfen die Kraft aus uns selbst. Auch sind wir nicht länger fremdbestimmt durch Erziehung, falsche Rücksichtnahme oder Meinungen! Wir erkennen unsere Eigenverantwortlichkeit, wir ergreifen mutig unsere Kraft für unser Leben.

Für immer besitzen wir nun den Zugang zur eigenen, nie versiegenden Quelle unserer Stärke! In tiefer Freude ruhen wir jetzt in unserer Mitte.

Die Ansprüche von uns an uns werden höher, reiner, die Werte verschieben sich in den spirituellen Raum hinein. Die Wertschätzung des Lebens steigt. Wir haben uns verändert. Das war doch gar nicht so schwer. Das ganzheitliche Leben ist bunt und schön! Welche Bilder sehen wir nun vor unseren inneren Augen? Welche Empfindungen steigen jetzt an die Oberfläche des Bewusstseins? Sehen wir den Neuanfang?
Nach einer Weile bemerken wir, dass die Atmung leichter fließt und uns reinere Luft zuführt als am Anfang der Meditation. Wir fühlen uns fast schon euphorisch.
   Mit einem Lächeln auf den Lippen verlassen wir den Ort des Kehlkopfchakras, bedanken uns beim Engel *Khamaji*, der uns beinahe unbemerkt geleitet hat und öffnen die Augen. Die laut gesprochene oder gedanklich formulierte Affirmation ist:

»*Ich fühle mich frei, leicht, fröhlich und wie neu geboren.*«

Hiroel, der Engel des Stirnchakras:
Aufmerksam atmen wir in die Lungen, dann in den Bauch und beobachten den Fluss des Atemwindes. Er bringt saubere Luft und trägt die verbrauchte fort. Mit jedem Zug werden wir erfrischt, gesund und heil. Die Augen sind geschlossen. Wenn ein paar Minuten vergangen sind, modulieren wir unser Gefühl auf den Atem und lenken ihn bewusst. Er wird somit zur Trägerwelle

und befördert unser Empfinden zur Stirn, zwischen die Augenbrauen. Das Gefühl reitet auf dem Drachen des Atemwindes zum Ziel.

Das Ziel ist der Sitz des Stirnchakras zwischen unseren irdischen Augen. Es ist das Reich des Engels *Hiroel*.

Wir atmen konzentriert wiederholt dorthin. Wenn sich ein leichtes Schwindelgefühl bemerkbar macht, dann sind wir angekommen. Wird der Schwindel zu heftig, bitten wir Hiroel um Hilfe oder brechen die Meditation hier ab. Brechen wir ab, dann werden wir ein anderes Mal weitergehen.

Wenn wir weiter machen möchten, gelangen wir in einen wunderschönen großen Saal, wo sofort ein leise vor sich hin klimpernder Kristallüster jeden Blick auf sich zieht. Wir sehen, dass der große Raum mit seinen blauen Wänden, dem langen, mit weißem Leinen gedeckten Tisch und gerahmten, blank geputzten Spiegeln für Empfänge bereit ist.

Ein Blick in den Spiegel mit filigranem, silbernen Rahmen lässt uns neugierig näher herantreten. Der Spiegel ist in Wirklichkeit eine Öffnung in den Himmel. Ein Himmelsspiegel! Der Engel Hiroel legt eine Hand auf unseren Arm und gemeinsam schauen wir hinein. Ehrfürchtige Schauer laufen über den Rücken. Der Himmel öffnet sich ...

Welche Bilder sehen wir? Breitet sich Entzücken oder Erschrecken in uns aus? Wir sehen sanftes goldenes Licht! Entzücken breitet sich in uns aus. Verharren wir in diesem einzigartigen Gefühl.

Der Eingang zum nächsten Zimmer ist eine überdimensionale Spiegeltür. Wir gehen darauf zu und sehen, wie wir selbst auf uns zugehen. Ein völlig seltsames Gefühl.

Welche Empfindungen nehmen wir noch wahr? Wie ist das für uns, unserem Spiegelbild zu begegnen? Wie sehen wir uns? Was gefällt uns und was nicht?

Der Engel *Hiroel* legt schützend seinen Arm um unsere Schultern und wir können voller Milde unseren Spiegelgefährten anschauen. Mit dieser neu erworbenen Güte gefällt uns alles an uns und unserem Gefährten. Die fehlerhaften Seiten verstehen wir, verzeihen sie und dann lösen sie sich Schicht für Schicht ab.

Das ist doch gar nicht so schwer. Wir integrieren großherzig unser Schatten-Ich mit allen Vor- und Nachteilen und werden heil! Aus zwei wird ein Ganzes. Verbleiben wir in diesem Gefühl des Heilwerdens, der Ganzheit und des Einsseins. Wir mögen, ja lieben uns, so wie wir sind!

Nun verstehen wir all die Menschen, die auf ihre eigene Art und Weise versuchen, wieder gesund und heil zu werden. Wir haben das Wissen, die Güte, die Weisheit, das Mitgefühl, das Verständnis und die Liebe erworben, uns und ihnen dabei zu helfen. Denken wir an die Menschen, die uns spontan einfallen, die das für ihr Wachstum bis hin zur Erkenntnisfähigkeit erhalten möchten.

Umgeben wir sie und alle, die uns am Herzen liegen, mit dem Zauber der klaren, uneigennützigen Liebe.

Nach ungefähr einer dreiviertel bis einer Stunde atmen wir bewusst vom Stirnchakra zurück in den Brustraum. Wir öffnen unsere Augen und fühlen uns vollständig und mit Liebe angefüllt. Je mehr Zuwendung wir abgeben, je mehr bekommen wir durch den Himmelsspiegel zurück. Reich beschenkt und mit neuem Glücksgefühl danken wir dem Engel *Hiroel*. Die laut gesprochene oder gedanklich formulierte Affirmation ist:

»*Ich liebe mich und meine Mitgeschöpfe*«.

Isael, Engel des Scheitelchakras:
Wie mit reinem Sauerstoff füllen sich unsere Lungen Zug um Zug. Leicht atmen wir in den Bauch, spüren der Atmung hinterher und schließen unsere Augen. Ganz in uns selbst ruhend, fühlen wir von innen in das Scheitelchakra direkt unter der Schädeldecke.

Wir erleben die Leichtigkeit des Seins.

Ein Flug auf den Flügeln eines großen Vogels löst uns von allem Irdischen. Wie Phönix aus der Asche steigen wir von der Erde zum Himmel auf. Nichts Belastendes, Schweres behindert uns mehr. Die Freiheit ist grenzenlos.

Sehen wir etwas? Wie fühlen wir uns? Begegnen wir einem Engel? Oder anderen Boten der göttlichen Energie? Schmiegen wir uns in die Arme Isaels, denn er ermöglicht den phänomenalen Flug.

So geborgen können wir ohne Angst erkennen, dass jede Seele fliegen kann und unser Geist auch ohne Körper in der Lage ist zu existieren. Wie stellen wir uns das vor? Was sehen wir mit unseren inneren Augen? Bleiben wir einige Zeit in diesem Gefühl.

Alle Chakren-Engel sind unsere Führer und Lehrer. Sie begleiten uns bis zum Flug in die höheren Welten und weiter. *Hedul* wird selbstverständlich bei jedem wichtigen Übergang dabei sein.

Wenn einst unser Erdenleben beendet ist, können wir uns an diese Empfindung erinnern und mit Isael ohne Angst davonfliegen, unserer neuen Aufgabe und Bestimmung entgegen. Der Engel begleitet uns bis zur Regenbogenbrücke und zum Grenzfluss, wo wir dem Fährmann begegnen. Er wird dann für die Überfahrt unser Begleiter sein.*

Wir konzentrieren uns nun wieder ganz bewusst auf das Scheitelchakra und beschäftigen uns mit den Fragen: Woher kommen wir, wer sind wir und wohin gehen wir? Dazu gehören die Gedanken über den Tod und das Leben.

Was bedeutet uns der Tod, der eigene und ganz allgemein? Ist er real? Was bedeutet uns ganz persönlich das Leben? Ist es real? Was bedeuten uns Träume? Sind sie real?

Gibt es ein Leben nach dem Tod? Gibt es ein Leben vor der Geburt? Gibt es einen Tod vor dem Leben?

Nehmen wir uns viel Zeit und betrachten in Ruhe die Bilder, die im Innersten entstehen. Genauso aufmerksam beachten wir die aus der Tiefe aufsteigenden Gefühle und Eindrücke.

Nach etwa einer Stunde atmen wir wieder in das Stirnchakra, verweilen aber nicht dort. Wir atmen weiter hinunter in das Kehlkopfchakra, atmen dann mit Bedacht in die Lungen hinein. Die Atmung fließt ruhig und gleichmäßig. Wir öffnen die Augen,

---

* Buch: Zeitnischen

ziehen die Aufmerksamkeit von der Atmung weg und überlassen sie wieder der körpereigenen Automatik.

Beglückt vom Flug mit Adler und Engel fühlen wir uns immer noch grenzenlos frei. Die unglaubliche Weite der Himmelsdimensionen erschreckt uns nicht, sondern erfreut uns bis in die letzte Zelle. Vertrauen in die Führung der Boten Gottes und unsere bisherigen Erlebnisse lassen uns erkennen, dass der Tod nur Veränderung auf höchster Ebene ist. Wir leben nicht, um zu sterben, sondern wir sterben, um zu leben! Sehen wir, wie relativ die scheinbar für alle Menschen gültigen Wahrheiten sind? Es kommt immer auf den eigenen Standpunkt und die persönlichen Erfahrungen an.

Isael ermöglicht das völlige Losgelöstsein von der Erde, damit wir lernen, dass alles Eins ist und es den Tod, wie wir ihn mit irdischen Sinnen wahrnehmen, so gar nicht gibt. Die laut gesprochene oder gedanklich formulierte Affirmation ist:

»Ich bin frohen Mutes, gestärkt durch die Weisheit der Erkenntnis und voller Gottvertrauen.«

Buddha-Engel:
Locker und entspannt atmen wir ein und aus und schließen die Augen. Dann fühlen wir uns kurz in alle Chakren ein, angefangen vom Wurzelchakra bis nach oben zum Scheitelchakra.

Je Chakra atmen wir zwei bis drei Atemzüge lang. Im Scheitelchakra angekommen stellen wir uns dann das Bild des lichten Buddha-Engels vor. Jetzt lassen wir alle Gedanken los und vorbeiziehen. Bereiten wir uns auf eine göttliche Begegnung vor. Wir gehen in die Stille, in die völlige Gedanken- und Gefühlsstille... Lauschen wir ...

Nach etwa einer Stunde hat uns die irdische Sinneswelt wieder und wir konzentrieren uns mit ganzer Aufmerksamkeit auf die Atemzüge. Achtsam atmen wir die kostbare Luft ein und lassen sie ruhig und gleichmäßig aus- und wieder einströmen. Jeder Zug schenkt uns Ruhe und Frieden.

Die Augen werden wieder geöffnet, wir nehmen unser Zimmer

wahr und sehen die Karte des Buddha-Engels vor uns stehen. Freude erfüllt uns über all die zauberhaften Schwingungen und das wunder-volle Beisammensein mit den Lichtwesen. Das gibt uns Hoffnung, Wissen, Liebe und Kraft für unser erdverwurzeltes Leben im Dienste der Mitmenschen. Die laut gesprochene oder gedanklich formulierte Affirmation ist:

»Ich bin lichtvoll und stark zum Wohle aller.«

Nasita, Glücks-Engel:
Wir setzen uns in bequemer Haltung auf einen Stuhl oder auf ein Kissen, nach einem letzten Blick auf die Karte des *Glücks-Engels*. Ruhig atmen wir ein und aus, dann schließen wir die Augen. Unsere Atmung wird langsamer, gleichmäßiger und tiefer. Die Gedanken sind wie Vögel, die an uns vorüber fliegen. Wir beobachten sie, halten sie aber nicht fest. Wenn die Zeit so still dahin fließt bis wir sie kaum noch wahrnehmen, stellen wir uns vor, dass der Atem in die Mitte unseres Körpers strömt. Zwischen Solarplexus und mystischem Herz visualisieren wir die Doppelspirale des Glücks-Engels, die sich nach oben und unten hin öffnet. Unsere Konzentration folgt der von der Mitte aufwärts strebenden Spiralbewegung und geht weiter zum Stern über dem Kopf des Engels.

Nun fühlen wir die Sternenkraft in uns hinein fließen. Dabei wird unsere Vorstellungskraft durch das Märchen »Sterntaler« angeregt. Wir visualisieren, dass leuchtende kleine Sterne wie im Märchen vom Himmel fallen und in unsere nach oben offene Spirale gleiten. Zuerst nur ein paar Sterne, dann immer mehr und mehr, bis unsere Mitte angefüllt ist mit einem funkelnden Sternenschatz.

Bleiben wir eine Weile in diesem Gefühl. Dann geben wir die reine Sternenenergie durch die abwärts weisende Spirale nach unten zur Erde ab. Wie Nasita verbinden wir dadurch den Himmel, das geistige Prinzip, mit der Erde, dem materiellen Prinzip. Wir stehen als Ver-Mittler dazwischen. Spüren wir, wie wohltuend es ist im eigenen Mittelpunkt zu ruhen, zentriert zu sein?

Die Spirale kann sowohl empfangen als auch geben. Ihre Mitte wird so manches Mal ein Brennpunkt der Transformation sein. Wenn wir die Sternenenergie empfangen, können wir sie in unserem Mittelpunkt umformen und für uns nutzbar machen. Das heißt, wir lenken eigenverantwortlich die Kraft der Sterne so, dass sie uns durch Erkenntnis glücklich macht. So kann dann Ärger in Freude, Ungeduld in Gleichmut und Glauben in Wissen umgewandelt werden und nichts muss verdrängt werden.

In welchen Situationen verdrängen wir lieber, obwohl eine Umwandlung sinnvoller wäre?

Suchen und finden wir unser eigenes Zentrum als ruhenden Pol zwischen den Extremen und als friedliche Insel im brodelnden Meer des Lebens. In der Mitte liegt stille Glückseligkeit.

Halten wir einen Augenblick inne und spüren dieser Erkenntnis und diesem Gefühl nach.

Nach ca. einer halben Stunde atmen wir wieder bewusst, spüren, wie weißer Nebel im Wind durch unseren Körper tanzt und Lichtsternchen überall aufblitzen. Jeder Atemzug steigert unser Wohlbefinden und das innere Licht nimmt zu.

Wir fühlen uns gut in uns, bei uns.

Dann öffnen wir die Augen und gewöhnen uns langsam wieder an die Helligkeit im Raum. Das Glück ist in uns, wir können es behalten oder weitergeben, wir können es ausstrahlen in die Umwelt oder speichern in der Erinnerung.

Durch dieses innere Glückslicht werden wir zu einem leuchtenden Stern der Erde. Jedes glückliche Wesen wird von hellsichtigen Personen feinstofflich »gesehen« als kleinerer oder größerer Lichtpunkt im grobstofflichen Sein. Die laut gesprochene oder gedanklich formulierte Affirmation ist:

»*Ich bin ein glücklicher Stern der Erde*«.

Hedul, Übergangsengel

Wenn ein wichtiger Übergang bevorsteht oder stattgefunden hat, wenden wir uns an *Hedul*. Zum Beispiel wenn wir Hilfe brauchen bei unserer Reise vom Leben durch den Tod und wieder zum Leben.

Visualisation wenn es um uns selbst geht: Wir stellen uns die lichtvolle Gestalt des Engels *Hedul* vor und vertrauen uns ihm vollständig an. Affirmation:

»*Ich lege meine Seele in deine Hände.*«

Visualisation, wenn wir anderen Menschen helfen sollen: Wir können ein Foto des Menschen auf die Karte des Engels legen und ihn um Hilfe beim Übergang bitten. Oder wir platzieren die Karte und das Foto nebeneinander, zünden eine weiße Kerze an und stellen sie vor die Bilder. Wir denken intensiv an den Engel und stellen uns seine strahlende Gestalt vor. Affirmation:

»*Ich lege ihre/seine Seele vertrauensvoll in deine Hände.*«

Epilog

Hier endet das Buch der Engel. Es wurde gewissenhaft aufgeschrieben, was Gilion, der Hüter des Buches aus der Transzendenz, übermittelt hat. Können wir das glauben, wird manch einer fragen? Gilion und ich empfehlen den Selbstversuch. Lassen wir die Engel durch die Karten »sprechen« und schauen dann, ob sich etwas verändert in unserem Leben. Am Anfang ist es leichter für unsere Vorstellungskraft und einfacher für die Visualisationen, wenn wir die Karten einsetzen. Ihre Schwingung breitet sich beim Betrachten zuerst über die Farben, Formen und Symbole aus. Später genügt unsere Erinnerung.

Das Anschauen der Karten wird jedem Menschen bekannt vorkommen, aber wenn wir uns dann in die feinstofflichen Sphären hinein bewegen, ist kein Muster mehr da, an dem wir uns orientieren können. Es gibt keine Gebrauchsanweisung für eine spirituelle Entwicklung. Bewusstwerdung ist individuell.

Es gibt durchaus Entwicklungsstufen auf der Jakobsleiter, die uns in unbekannte Sphären bringen und unser eingeprägtes Empfinden von Raum und Zeit durcheinander wirbeln. Ja, die Engel werden uns sogar selbst an einer Zeitreise oder einem Flug durch den Raum teilhaben lassen, wenn das für unsere Bewusstseinserweiterung notwendig sein sollte.

In den siebziger Jahren hat sich das amerikanische Ehepaar Leary intensiv mit der Bewusstseinserforschung beschäftigt und sie experimentierten auch in Selbstversuchen mit ungewöhnlichen Methoden zur Bewusstseinserweiterung. Sie schrieben:

»Die Möglichkeit zum Reisen in der Zeit – genauso wie Reisen im Raum – ist entwicklungsmäßig in uns angelegt.« (aus: Lexikon der Symbole)

Das Reisen in Raum, Zeit und Chakren bringt uns an die Grenzen unserer bisherigen Erfahrungen. Schamanen, Mystikern, Magiern und Meditierenden sind solche Reisen in andere Bewusstseinszustände seit Urzeiten bekannt. Auf diesen anderen Ebenen in diesen besonderen Zuständen können wir auch in Berührung mit feinstofflichen Wesen kommen. Sternenfreunde werden nun ebenfalls wahrgenommen und können unsere weitere Entwicklung unterstützen.

Kleine Kinder haben noch einen ganz natürlichen Umgang mit Engeln, Feen und Fabelwesen. Unbefangen erzählen sie von Begegnungen mit ihnen. Zunehmend berichten auch immer mehr Erwachsene vom persönlichen Kontakt zu ihrem Schutzengel oder Sternenfreund. Hinweise auf das Wirken der Engel gibt uns auch die Bibel: »*Ich, Jesus, sandte meinen Engel*« (Offenbarung 22,16). »*Als wir zu Füßen des Engels fielen, um ihn anzubeten, sprach dieser: ‚Nicht doch! Ein Mitknecht bin ich von dir und deinen Brüdern. Gott betet an'.*« (Offenbarung 22,9)

Heute mehren sich die Berichte über Engelerscheinungen. Ist das eine neue Entwicklung?

Neu ist vielleicht, dass es immer mehr Menschen gibt, die wieder dafür empfänglich sind und auch ganz selbstverständlich über ihre Kontakte zu Engeln sprechen. Schon 1582 erschien der Erzengel Uriel dem in dieser Zeit in Ruhm und hohem Ansehen stehenden Lehrer, Astrologen und Berater der englischen Königin Elisabeth, John Dee (1527-1608). Die Vermutung liegt nahe, dass Dee schon früh seine Kontakte mit den Engeln und ihrem übermittelten Wissen mit seinen mathematischen und kabbalistischen Kenntnissen vereinte. So setzte er vielleicht schon damals die Botschaften der Chakren-Engel ein, um die Kräfte des Verstandes und die Kräfte der Gefühle kennen zu lernen, dann zu vermählen und damit zum Ausgleich bringen. Wir haben nun selbst erfahren, dass die Engel stets bestrebt sind, uns ihre Hilfe zu gewähren und ich schließe mit den Worten:

Mögen die Engel uns Menschen in den irdischen, seelischen und geistigen Bereichen zu Bewusstwerdung, Heilung und Freude führen und bei uns sein für alle Zeit, in jedem Erfahrungsraum.

LITERATUR

Such dir deinen Himmel, Dr. Johannes Pausch, München 2003
Steine, Bäume, Menschenträume, Ingeborg M. Lüdeling, Freiburg 1997
Zeitnischen, Ingeborg M. Lüdeling, Nienburg 1998
Tao Te King, Lao Tse, 1978, Haldenwang
Lexikon der Symbole, Wolfgang Bauer u. a., Wiesbaden 1983
Schule des Tarot 1 und 2, H.D. Leuenberger, Freiburg 1982
Die Chakras, C.W. Leadbeater, Freiburg 1994
Die Geheimnisse der Schwelle, R. Steiner, Dornach/Schweiz 1997
Das Keltische Baum-Horoskop, B. Wallrath, Neuwied 1995
Chakren - die sieben Zentren von Kraft und Heilung, Caroline Myss, München 1997
Astrologie, Gertrud I. Hürlimann, Zürich 1992
Die chymische Hochzeit des Christian Rosencreutz, Johann Valentin Andreä, gedeutet und kommentiert von Bastiaan Baan, Stuttgart 2001
Das Gedächtnis der Natur, Rupert Sheldrake, München 1998
Der Kreis der Jahresfeste, Emil Bock, Stuttgart 1999
The Message from Water, Masaru Emoto
Worte der Seele, C. G. Jung, Freiburg 2000
Rennes-le-Chateau, Rätsel der Pyrenäen, Thomas Ritter, Lübeck 2002
Der Engel-Energie-Akkumulator nach Wilhelm Reich, Jürgen Fischer, Düsseldorf 1997
Magneten des Glücks, Die Magie der Amulette, Talismane und Edelsteine, Karl Spiesberger, Berlin 1971